GÉOGRAPHIE

HISTORIQUE ET POLITIQUE DE L'EUROPE

DEPUIS

LA DOMINATION ROMAINE

JUSQU'AUX TRAITÉS DE 1815,

rédigée conformément au Programme officiel de 1857

Par M. Henri CROUZET,

Professeur d'Histoire et de Géographie au Collège de Nevers,
Délégué au Conseil de l'Instruction publique de la Nièvre,
Officier d'Académie.

NEVERS
Chez I. C. LAURENT, Libraire
Place St-Sébastien

Imprimerie et Lithographie de P. BEGAT, Libraire, place de la Mairie
1857

GÉOGRAPHIE

HISTORIQUE ET POLITIQUE

DE L'EUROPE.

Tous les Exemplaires sont revêtus de la Signature ci-dessous :

GÉOGRAPHIE

HISTORIQUE ET POLITIQUE DE L'EUROPE,

DEPUIS

LA DOMINATION ROMAINE

JUSQU'AUX TRAITÉS DE 1815,

Rédigée conformément au Programme officiel de 1857,

PAR M. Henri CROUZET,

Professeur d'Histoire et de Géographie au Collège de Nevers,
Délégué au Conseil de l'Instruction publique de la Nièvre,
Officier d'Académie.

NEVERS,
CHEZ J.-C. LAURENT, LIBRAIRE,
Place St-Sébastien.

Imprimerie et Lithographie de P. BÉGAT, Libraire, place de la Mairie.
1857.

AVERTISSEMENT.

Son Excellence le Ministre de l'Instruction publique, par un arrêté en date du 12 août dernier, vient d'apporter quelques sages améliorations à l'enseignement historique de nos Colléges. Cet enseignement, mis en rapport avec le développement des intelligences, a été réparti d'une manière plus conforme aux besoins des études et à la culture des esprits : quelques questions, plutôt curieuses qu'utiles, ont été supprimées; et une plus large part a été faite à la Géographie politique de l'Europe.

L'intérêt que nous portons à nos élèves, nous imposait le double devoir, de traiter les nouvelles questions que M. le Ministre venait d'introduire dans l'enseignement historique, et de mettre en harmonie avec les nouveaux programmes le *Résumé d'Histoire Universelle*, que nous avons publié l'an dernier. Tel est le but du livre que nous publions aujourd'hui.

Il nous a semblé toutefois, puisque nous étions obligé de traiter quelques questions de Géographie politique, qu'il serait plus convenable de mettre de l'ensemble dans notre travail, et de montrer successivement les différentes transformations que l'Europe a subies, depuis la domination romaine jusqu'aux traités de 1815. C'est ainsi que ce livre, tout en formant un ouvrage à part, se trouve le complément de notre premier travail. De plus, les programmes officiels, que nous avons placés à la fin, en forme de table de matières, mettent tout-à-fait notre *Résumé* en rapport avec le nouvel enseignement.

Pour la Géographie comme pour l'Histoire, nous avons toujours puisé aux meilleures sources, et nous avons mis à profit les meilleurs ouvrages que l'on connaisse, comme le Cours d'Histoire de M. Guizot, et les publications historiques et géographiques de MM. Barberet et Magin, parmi lesquelles nous citerons leur savant et consciencieux *Précis*, qui a mérité les plus éminents suffrages, et dont nous avons enseigné nous-même pendant quelque temps les éléments, sous les yeux et sous le contrôle de M. Barberet.

Nous offrons ce nouveau travail à nos jeunes élèves, comme un gage de notre dévouement pour eux, et de notre amour pour la science historique, à laquelle nous avons voué notre existence.

Henri CROUZET.

Nevers, 1er Octobre 1857.

GÉOGRAPHIE
HISTORIQUE ET POLITIQUE
de
L'EUROPE,
DEPUIS LA DOMINATION ROMAINE
JUSQU'AUX TRAITÉS DE 1815.

CHAPITRE Ier.

Géographie politique de l'Europe à la fin du IVe siècle, Monde Romain et Monde Barbare.

A la fin du IVe siècle de notre ère, l'Europe était divisée en deux grandes régions : le monde romain et le monde barbare. Ces deux mondes s'étendaient même au-delà de l'Europe, jusque dans les trois parties de l'ancien continent.

Monde Romain. — L'Empire romain avait pour

bornes : au nord, le mur de Septime-Sévère dans la Grande-Bretagne, le Rhin, le Danube et la mer Noire ; à l'est, une ligne imaginaire partant de l'extrémité orientale de la mer Noire, traversant l'Euphrate en face de Palmyre, et aboutissant à l'extrémité orientale de la mer Rouge ; au sud, les cataractes de Syène, les déserts de la Lybie et la chaîne de l'Atlas ; à l'ouest, l'Océan Atlantique.

A la mort de Théodose-le-Grand (395), le monde romain fut définitivement divisé en deux empires, l'empire d'Occident et l'empire d'Orient, séparés en Afrique par la grande Syrte, et en Europe par les cours opposés du Drinus et de la Barbana. — Chaque empire se subdivisait en deux préfectures, les préfectures en diocèses, les diocèses en provinces, et les provinces en cités.

L'Empire d'Occident, divisé en deux préfectures séparées par le Rhin et les Alpes, comprenait sept diocèses et cinquante-huit provinces. Capitales : Rome, Milan et Ravenne. — La préfecture des Gaules comprenait trois diocèses et vingt-neuf provinces : Espagne, sept provinces ; Gaules, dix-sept ; Bretagne, cinq. La préfecture d'Italie comprenait quatre diocèses et vingt-neuf provinces : Italie, sept provinces ; Rome, dix ; Afrique, six ; Illyrie Occidentale, six.

L'Empire d'Orient, divisé en deux préfectures, séparées par le Nestus et l'Utus, comprenait sept diocèses et soixante provinces. Capitale : Constantinople. — La préfecture d'Illyrie comprenait deux diocèses et onze provinces : Dacie, cinq provinces ; Macédoine, six. La préfecture d'Orient comprenait cinq diocèses et quarante-neuf provinces : Thrace, six provinces ; Asie, onze ; Pont, onze ; Orient, quinze ; Egypte, six.

L'Empire romain, à la mort de Théodose, malgré son aspect imposant, retomba dans une dissolution qui ne devait plus se ralentir jusqu'à la chute de Rome. Cette crise fut amenée par le despotisme abrutissant des empereurs, l'indifférence des peuples en présence du danger, et surtout les mœurs corrompues que le christianisme, longtemps persécuté, n'avait pu corriger encore. Les Barbares, appelés comme des libérateurs et mal contenus sur toutes les frontières, allèrent braver les empereurs jusque sous les murs de Rome et de Constantinople, et finirent, en démembrant la moitié de l'Empire, par dissoudre la vieille société avec sa civilisation décrépite. Le christianisme ne tarda pas à bénir leurs épées ; et c'est alors qu'ils purent asseoir, sur les ruines du vieux monde, les fondements de l'ordre politique qui subsiste encore en Europe.

Monde Barbare. — Le monde barbare était situé au nord, à l'est et au sud du monde romain, au-delà du Rhin, du Danube, de la mer Noire, du Caucase, de l'Euphrate et des monts Altaï. On le divisait en trois grandes contrées : la *Germanie* entre le Rhin, le Danube, la Théiss, la Vistule, le golfe Baltique et la mer d'Allemagne; la *Sarmatie* ou *Slavonie*, entre la Baltique et le Pont-Euxin, la Théiss et le Volga; la *Scythie*, vaste contrée qui s'étendait depuis le Volga jusqu'à la mer Orientale, et depuis les Monts Imaüs ou Altaï jusqu'à la mer Septentrionale.

Les principaux peuples du monde barbare étaient :

Dans la Germanie : les Allemans, les Suèves, les Bavarois, les Helvétiens, les Vandales, les Bourguignons, les Lombards, les Goths, les Angles, les Saxons, les Cimbres, les Francs, etc.; les Pictes et les Scots dans la Grande-Bretagne.

Dans la Sarmatie : Les Lecks ou Polonais, les Bohêmes, les Roxolans ou Russes, les Livoniens, les Prussiens, les Lithuaniens, les Hérules, les Alains, les Gépides, les Wisigoths et les Ostrogoths.

Dans la Scythie : les Bulgares, les Madgyares ou Hongrois, les Turcs, les Avares, les Huns, les Mongols ou Tartares, etc.

Mœurs des Barbares. — *Germains* : état social voisin de la vie nomade. — Migrations fréquentes; point de villes, cabanes isolées, dispersées sur un grand espace. — Terres annuelles, agriculture négligée; la chasse ou la guerre, seule occupation des hommes libres. — Etat moral trop vanté par Tacite : activité guerrière, tours de force et d'adresse; goût de l'éclat et de la parure, et souvent complète inaction; hospitalité, mais vengeance implacable, haines héréditaires; amour effréné du jeu et des boissons fermentées, festins terminés par des rixes sanglantes, brutalité meurtrière avec les esclaves; chasteté des mœurs opposée à la corruption romaine, sainteté du mariage; courage des femmes dans la guerre, vénération qu'elles inspirent, esprit prophétique, Velléda. — Religion mal connue; culte d'Odin et de plusieurs autres divinités; culte des éléments, des arbres, des fontaines, de la terre; l'immortalité promise aux braves dans le Walhalla. — Organisation militaire très-remarquable.

Sarmates ou *Slaves*. — Peu connus et peu importants à l'époque de la grande invasion; laboureurs plutôt que soldats; facilement vaincus par les Huns et par les Avares.

Scythes. — Les plus remarquables de ces peuples sont les Huns : figure hideuse, vie nomade, mœurs sauvages, religion grossière. — Lien social très-faible, quelquefois un chef de guerre très-puissant, comme Attila. — Ravages passagers dans l'empire; aucun établissement durable.

CHAPITRE II.

Principaux États fondés par les Barbares dans l'empire Romain.

Les Barbares, après avoir détruit l'empire d'Occident et démembré celui d'Orient, fondèrent divers royaumes dans les anciennes provinces romaines. Ces principaux États sont : dans la Grande-Bretagne, l'heptarchie Anglo-Saxonne; dans la Gaule et l'Espagne, les royaumes des Wisigoths, des Suèves, des Vandales, des Bourguignons et des Francs ; et en Italie, les royaumes successifs des Hérules, des Ostrogoths et des Lombards.

Heptarchie Anglo-Saxonne. — Vers l'an 428, les Bretons, rendus à l'indépendance par le départ des légions Romaines, s'étaient donné un roi de leur nation. Bientôt, se sentant trop faibles pour arrêter les courses des Pictes et des Scots, ils appelèrent les Saxons et les Angles. Un corps de ces pirates arriva sous la conduite d'Hengist et de Horsa (448) ; mais d'alliés, ils devinrent bientôt ennemis des Bretons, et, renforcés chaque jour par de nouveaux aventuriers, finirent par établir leur propre domination dans l'île. Les Saxons fondèrent d'abord quatre royaumes : celui de Kent (455), cap. Can-

torbéry; celui de Sussex (491), cap. *Chichester;* celui de Wessex (516), cap. *Winchester;* celui d'Essex (526), cap. *Londres.* Les Angles en fondèrent trois : celui de Northumberland (547), cap. *York;* celui d'Est-Anglie (571), cap. *Norwich;* celui de Mercie (584), cap. *Lincoln.*

Chacun de ces royaumes eut des souverains particuliers ; mais tous étaient liés entr'eux par une association politique, sous le nom d'Heptarchie. Egbert-le-Grand, roi de Wessex, soumit toute l'heptarchie en son pouvoir, et gouverna tout le royaume, qui devint dès-lors une monarchie, 827.

Royaume des Wisigoths. — Les Wisigoths furent introduits dans l'empire romain par l'empereur Valens, qui les cantonna dans les deux Mésies, en 378. A la mort de Théodose-le-Grand, ils se révoltèrent, à l'instigation du ministre Rufin ; et, après avoir ravagé l'Italie et saccagé Rome, ils s'établirent dans la Gaule, où ils fondèrent un royaume très-florissant, qui s'étendait depuis la rive gauche de la Loire jusqu'aux Pyrénées, et depuis l'Océan Atlantique jusqu'au Rhône. Vaincus par Clovis, à la bataille de Vouglé, 507, ils occupèrent la plus grande partie de l'Espagne, ne conservant en Gaule que l'ancienne Narbonnaise Ire, désignée sous le nom de Septimanie.

Royaume des Suèves. — Les Suèves faisaient partie de la grande invasion de Rhadagaise. Vaincus par

Stilicon à Fésules, près de Florence, 406, ils revinrent sur leurs pas, passèrent le Rhin, ravagèrent deux ans la Gaule, et s'établirent dans le N.-O. de la péninsule Hispanique. Leur royaume était borné au N. et à l'O. par l'Océan, au S. par le Durius, et à l'E. par un affluent de ce fleuve. *Braga* (l'ancienne Bracara), en était la capitale.

Royaume des Vandales. — Les Vandales, qui étaient venus en Espagne avec les Suèves, dominèrent au sud de la Péninsule, où ils ont laissé encore leur nom (Andalousie); mais appelés par le patrice Boniface, ils quittèrent bientôt l'Espagne pour l'Afrique, où leur domination formidable dura jusqu'en 534, époque de la conquête de ce pays par l'empereur d'Orient, Justinien.

Royaume des Bourguignons. — Les Bourguignons faisaient aussi partie de la confédération de Rhadagaise. Ils s'établirent en Gaule, entre les Vosges, le Jura, les Alpes et les montagnes qui séparent le bassin du Rhône de celui de la Loire. *Dijon* était leur capitale. Clovis les rendit tributaires en 500, et ses fils finirent par les soumettre complètement, en 534.

Royaume des Francs. — Les Francs s'étaient établis dans la Gaule, entre le Rhin et la Somme, sous la conduite de Clodion, 420. Mais le véritable fondateur de la monarchie franque, c'est Clovis, 481-511. Il s'empara des provinces romaines entre la Somme et la Loire, à la suite de la bataille de Soissons (486), et des provinces Wisigothiques, entre la Loire, l'Océan et les Pyrénées, moins la Septimanie, par la victoire de Vouglé (507). Il soumit de plus l'Armorique, se débarrassa, par des assassinats, des petits chefs Francs de Cambrai, de Cologne, du Mans et de Térouanne, et devint ainsi maître d'un vaste pays, dont le partage, sous ses successeurs, devint la cause d'une lutte séculaire, qui fut funeste à sa race.

Royaume des Hérules, des Ostrogoths et des Lombards. — La chute du trône impérial, en Occident, avait eu lieu en 476, et l'Italie avait reçu alors pour maître, Odoacre, chef des Hérules. Quatorze ans après, Théodoric-le-Grand, chef des Ostrogoths, obtint, de l'empereur d'Orient, Zénon, l'investiture de l'Italie, et en fit la conquête (490).

Le royaume des Ostrogoths comprenait : l'Italie tout entière, la partie orientale de la Rhétie, l'Illyrie occidentale, la Mésie, la Dacie, et la partie de la Gaule située entre la Durance et la Méditerranée.

Cette monarchie, si florissante sous Théodoric, déclina sous ses faibles successeurs, et succomba enfin sous les coups de Bélisaire et de Narsès (554).

L'Italie fut dès-lors rattachée à l'Empire d'Orient; mais le gouverneur Narsès, rappelé avec insulte, invita les Lombards à l'envahir. Ceux-ci en firent la conquête et s'établirent dans la partie septentrionale, dont *Pavie* fut la capitale, et qui porte encore leur nom (Lombardie). Les empereurs d'Orient conservèrent le centre et le sud de la péninsule, qu'ils firent gouverner par un Exarque. Cet état de choses dura jusqu'à Charlemagne, qui mit fin aux deux dominations rivales, et consolida, dans la région du centre, le pouvoir temporel de la papauté.

CHAPITRE III.

Etendue et Divisions de l'Empire de Charlemagne. — Démembrements successifs.

L'héritage de Clovis avait été agrandi par les victoires de ses successeurs. Pépin-le-Bref, le premier roi de la deuxième race, avait réuni, pour la première fois, la Septimanie au royaume des Francs. Charlemagne, son fils et son successeur, fit beaucoup plus encore. Voyant les peuplades Germaniques et Slaves, d'un côté, et les Arabes, d'un autre, menaçant d'une chute prochaine les Etats naissant à peine sur les ruines de l'Empire romain, ce grand génie rallia contre cette double invasion tous les habitants de son territoire, anciens ou nouveaux, Romains ou Germains, récemment établis. Il commença par soumettre définitivement d'une part, les populations romaines qui essayaient encore de s'affranchir du joug des Barbares, d'autre part, les populations germaniques dont l'établissement n'était pas encore bien consommé, et les tourna ensuite contre la double invasion qui, au nord-est et au sud, les menaçait toutes également. Il parvint ainsi, après cinquante-trois expéditions, à former un état aussi vaste que l'ancien empire d'Occident.

L'Empire Carlovingien avait pour limites : au nord, la mer Baltique et l'Oder; à l'ouest, l'Océan Atlantique, depuis l'embouchure de l'Eyder jusqu'au golfe de Gascogne; au sud, l'Ebre en Espagne, la Méditerranée, et le Vulturne en Italie; à l'est, le golfe Adriatique, la Save et la Théiss. Il comprenait la France actuelle, et de plus la Belgique, la Hollande, l'Allemagne, une partie de la Hongrie, l'Esclavonie, la Dalmatie, la Suisse, la Navarre, l'Aragon, la Catalogne, les Iles Baléares, la Sardaigne, et l'Italie (moins le duché de Bénévent, le patrimoine de l'Eglise et le duché de Rome).

Les grandes provinces de l'empire étaient :

1° L'*Austrasie;*

2° La *Neustrie*, à laquelle se trouvait alors rattachée la *Bretagne;*

3° L'*Aquitaine*, la *Gascogne*, la *Septimanie* et les *Marches d'Espagne;*

4° La *Bourgogne*, dont faisait partie la *Provence;*

5° L'*Italie* ou *Lombardie;*

6° Les provinces Illyriennes, sur le bord de l'Adriatique; l'*Istrie*, la *Liburnie*, la *Dalmatie*, etc.;

7° L'*Avarie*, Autriche actuelle;

8° La *Bavière;*

9° L'*Alemanie;*

10° La *Thuringe;*

11° La *Saxe*.

Charlemagne fixa sa résidence à *Aix-la-Chapelle*, et demeura le chef suprême de la race germanique. Mais, pour mieux gouverner son vaste empire, il le partagea en trois royaumes, *Aquitaine*, *Italie* et *Bavière*, qu'il donna à gouverner à chacun de ses enfants, Pépin, Charles et Louis. Chacun de ces royaumes fut divisé en duchés, chaque duché en douze comtés, et les comtés en centaineries et dizaineries, gouvernés par des ducs, comtes, centeniers ou dizainiers. Les provinces frontières ou *marches*, étaient gouvernées par des chefs spéciaux qui prirent le nom de *marquis*.

L'empire Carlovingien ne pouvait survivre à son fondateur. Sa ruine était inévitable ; il faut en attribuer les causes à la faiblesse des successeurs de Charlemagne, à l'invasion des Normands, à la diversité des races, mais surtout à l'impossibilité de l'unité du pouvoir et de la nation, dans un temps où les idées étaient si courtes et les relations si étroites. La dissolution a eu lieu entre la mort de Charlemagne, 814, et l'avènement des Capétiens, 987. Toute cette époque a été employée à l'accomplissement de ce grand travail.

Au bout de 29 ans, en 843, après le traité de Verdun, par lequel les fils de Louis-le-Débonnaire, Lothaire, Charles-le-Chauve et Louis-le-Germanique se partagèrent cet empire, voici ce qu'il était devenu. Il formait trois royaumes :

1° *Royaume de France*, donné à Charles-le-Chauve : entre l'Escaut, la Meuse, la Saône, le Rhône, la Méditerranée, l'Ebre et l'Océan ;

2° *Royaume de Germanie*, donné à Louis-le-Germanique : pays situés entre le Rhin, la mer du Nord, l'Elbe et les Alpes ;

3° *Royaume d'Italie*, donné à Lothaire : l'Italie, sauf la Calabre ; et les pays situés entre le Rhône, la Saône et la Meuse, à l'Occident, le Rhin et les Alpes à l'Orient.

Quarante-cinq ans après cette époque, 888, à la déposition de Charles-le-Gros, le dernier des Carlovingiens qui ait réuni un moment tout l'empire de Charlemagne, au lieu de trois royaumes, nous en trouvons sept :

1° *Royaume de France* : entre l'Escaut, la Meuse, la Saône, le Rhône, les Pyrénées et l'Océan, plus le comté de Barcelone ;

2° *Royaume de Navarre* : toute la Marche d'Espagne, entre les Pyrénées et l'Ebre ;

3° *Royaume de Provence* : entre la Saône, le Rhône, les Alpes, le Jura et la Méditerranée ;

4° *Royaume de Bourgogne* : entre le Jura, les Alpes pennines et la Reuss ;

5° *Royaume de Lorraine* : entre le Rhin, la Meuse et l'Escaut ;

6° *Royaume d'Allemagne :* entre le Rhin, la mer du Nord, l'Elbe, l'Oder et les Alpes;

7° *Royaume d'Italie :* toute l'Italie jusqu'à la frontière du royaume de Naples.

L'impulsion était donnée; et ce déchirement ne cessera que lorsque la nationalité et le gouvernement se trouveront circonscrits dans les limites d'une ville ou d'un canton : ce sera l'époque féodale.

CHAPITRE IV.

Description historique de la France féodale.

La France apparut pour la première fois au traité de Verdun, 843, qui fut comme le premier déchirement de l'empire Carlovingien. Cependant, malgré ce traité qui constituait toutefois son existence politique, la France ne formait pas alors une unité bien compacte; deux princes, Pépin II en Acquitaine (depuis l'an 835), et Nomenoë en Bretagne (depuis l'an 840), prenaient également le titre de roi, et enlevaient à Charles-le-Chauve la souveraineté d'une partie considérable du territoire. Mais une chose favorisa singulièrement, sur ces entrefaites, le morcellement successif qui tendait à s'établir : ce fut l'arrivée des Normands, des Sarrasins et des Hongrois. Ces invasions, ajoutées aux divisions des états, si divers d'origine et de langage, et à l'anarchie qui en était la suite, favorisèrent les usurpations des *officiers royaux* et l'ordre féodal qu'ils tendaient à établir. Ils commencèrent par s'abriter sous de fortes murailles et dans des châteaux-forts, sous prétexte de résister à l'invasion; puis ils agrandirent leurs domaines, d'abord aux dépens des petits propriétaires qui se recommandaient à eux, ensuite aux dépens des rois, auxquels ils vendaient leurs moindres services. Ainsi la féodalité s'établissait de fait; et lorsque, par le capitulaire de Quierzi-sur-Oise, 877, Charles-le-Chauve leur eut assuré l'hérédité des offices et des bénéfices, la féodalité, déjà existant de fait, fut établie en droit. Dès-lors elle n'eut plus qu'un pas à faire, renverser la dynastie qui l'avait involontairement constituée. La lutte dura un siècle, 888-987; elle réduisit les derniers Carlovingiens à un tel état de détresse que, loin de pouvoir balancer la puissance des grands, il leur restait à peine de quoi fournir à leur entretien. Un changement de dynastie et de constitution politique devenait donc indispensable, et le trône devait tomber en partage au plus puissant et au plus audacieux des vassaux. Cet événement, qu'on prévoyait depuis longtemps, arriva sans secousse, à la mort de Louis V (987), et n'excita ni surprise ni contestation.

Quand Hugues-Capet prit le titre de roi, il y avait en France cinquante-cinq petits États ou Fiefs pleinement établis, dont voici le tableau : (1)

(1) Guizot, hist. de la civilisation.

TABLEAU

DU

DÉMEMBREMENT FÉODAL du ROYAUME de FRANCE,

Vers la fin du Xe siècle.

Nos	TITRE DU FIEF.	DATE de LA FONDATION héréditaire.	NOM DU POSSESSEUR EN 987.
1º	Duché de Gascogne.	872	Bernard-Guillaume.
2º	Vicomté de Béarn.	819	Centulf-Gaston II.
3º	Comté de Bigorre.	Fin du IXe siècle	Garcie-Arnaud I.
4º	Comté de Fezenzac.	920	Aimery I.
5º	Comté d'Armagnac.	960	Géraud-Trancaléon.
6º	Comté de Lectoure et de Lomagne.	Fin du Xe siècle	Raymond-Arnaud.
7º	Comté d'Astarac.	930	Arnaud II.
8º	Comté de Toulouse.	850	Guillaume-Taillefer.
9º	Comté de Barcelone.	864	Borrel, comte d'Urgel.
10º	Comté de Rouergue.	820	Raymond III.
11º	Comté de Carcassonne.	819	Roger I.
12º	Vicomté de Narbonne.	Fin du IXe siècle	Raymond I.
13º	Comté de Melgueil.	Comt du Xe siècle	Bernard II.
14º	Seigneurie de Montpellier.	975	Guillaume I.
15º	Comté de Roussillon.	Mil. du IXe siècle	Gauffred I.
16º	Comté d'Urgel.	884	Borrel.
17º	Comté de Poitiers.	880	Guillaume-Fier-à-Bras.
18º	Duché d'Aquitaine.	864	Le même.
19º	Comté d'Auvergne.	864	Gui I.
20º	Comté d'Angoulême.	866	Arnaud-le-Bâtard.
21º	Comté de Périgord.	866	Adalbert I.
22º	Comté de la Marche.	866	Bosson II.
23º	Vicomté de Limoges.	887	Girard.
24º	Vicomté de Turenne.	Mil. du Xe siècle	Archambault-Jambe-Pourrie.

N^{cs}	TITRE DU FIEF.	DATE de LA FONDATION héréditaire.	NOM DU POSSESSEUR EN 987.
25°	Vicomté de Bourges.	927	Geoffroi II.
26°	Seigneurie de Bourbon	Fin du IXe siècle	Archambault II.
27°	Comté de Mâcon.	920	Athéric II.
28°	Duché de Bourgogne.	877	Henri-le-Grand.
29°	Comté de Châlons.	886	Hugues I.
30°	Seigneurie de Salins.	920	Humbert II.
31°	Comté de Nevers.	987	Othon-Guillaume.
32°	Comté de Tonnerre.	Fin du IXe siècle	Gui.
33°	Comté de Sens.	911	Renaud-le-Vieux.
34°	Comté de Champagne	Fin du IXe siècle	Herbert II.
35°	Comté de Blois.	834	Eudes I.
36°	Comté de Rethel.	Mil. du Xe siècle	Manassés I.
37°	Comté de Corbeil.	Id.	Bouchard I.
38°	Baronnie de Montmorency.	Id.	Bouchard II.
39°	Comté de Vexin.	878	Gauthier I.
40°	Comté de Meulent.	959	Robert I.
41°	Comté de Vermandois.	880	Herbert III.
42°	Comté de Valois.	880	Gauthier I, comte de Vexin.
43°	Comté de Soissons.	Fin du Xe siècle	Gui.
44°	Comté de Roucy et de Reims.	940	Gilbert.
45°	Comté de Ponthieu.	859	Hugues I.
46°	Comté de Boulogne.	860	Guy-Barbe-Blanche.
47°	Comté de Guines.	965	Adolphe.
48°	Comté de Vendôme.	Fin du Xe siècle	Bouchard I.
49°	Duché de Normandie.	912	Richard-sans-Peur.
50°	Comté d'Anjou.	870	Foulques-Nerva.
51°	Comté du Maine.	853	Hugues I.
52°	Seigneurie de Bellême	940	Yves I.
53°	Comté de Bretagne.	987	Conan I.
54°	Baronnie de Fougères	Fin du Xe siècle	Meen I.
55°	Comté de Flandre.	862	Arnould II, le Jeune.

Ces cinquante-cinq duchés, vicomtés, seigneuries, ont eu une longue existence politique : des souverains s'y sont héréditairement succédé, et leurs histoires séparées forment pendant longtemps l'histoire de France.

Cet état de choses dura sous les quatre premiers Capétiens qui, tout en conservant le titre de roi, semblèrent se résigner à n'être que de paisibles seigneurs dans leur petit domaine du duché de France. Mais, sous Louis VI, la royauté acquit une puissance morale, qui s'agrandit encore dans la deuxième croisade sous son fils Louis VII. Philippe-Auguste voulut lui donner la puissance matérielle, et constituer le royaume ; il commença cette lutte que devaient continuer ses successeurs, et qui devait se terminer par la fusion de tous les fiefs dans celui du duché de France, et fonder la France moderne.

Ce démembrement progressif de l'empire de Charlemagne, commencé avant le milieu du IXe siècle, accompli à la fin du Xe, fut, pour quelques-uns des contemporains, un grand sujet de deuil et d'effroi ; ils croyaient que les nations ne pouvaient survivre à la monarchie, et désespérèrent de tout. C'est cependant de cette dissolution que date l'existence de la nation française ; et c'est sur les faits qui s'y rapportent que reposent véritablement les bases de notre histoire.

CHAPITRE V.

Géographie de l'Europe féodale.

L'époque féodale est l'époque héroïque de l'Europe occidentale ; c'est celle aussi d'un travail intérieur que les contemporains ont pris pour une dissolution sociale, mais qui n'était en réalité que le prélude de l'enfantement des nations modernes. Cette époque s'étend du Xe au XIIIe siècle. On trouve alors en Europe, outre la France dont nous venons de parler, sept groupes d'états : la Grande-Bretagne, l'Espagne, l'Italie, l'Allemagne, les États Scandinaves, les États Slaves et l'Empire Grec.

1° *Grande-Bretagne.* — Depuis la réunion de l'heptarchie en monarchie par Egbert-le-Grand, 827, la partie méridionale de la Grande-Bretagne avait formé un état, le *royaume d'Angleterre*. Ce royaume fut en butte, pendant deux cents ans, aux invasions des Normands-Danois, et conquis enfin en 1066 par les Normands-Français, sous la conduite de Guillaume-le-Conquérant, qui fonda la dynastie qui règne encore de nos jours sur ce pays. Les propriétaires Saxons furent dépouillés ou devinrent vassaux des vainqueurs ; et la terre conquise fut partagée entre sept cents barons français et soixante mille chevaliers tenanciers, tous liés au roi par l'hommage et le serment. Cependant le pays de Galles était resté en dehors de la domination Normande, et une ligne de châteaux-forts confiés aux lords des *marches*, préservait les conquérants Normands des incursions galliques. L'*Écosse* avait perdu le Cumberland rattaché à l'Angleterre, et laissait occuper la plupart de ses péninsules de l'ouest et du nord. L'*Irlande*, encore indépendante, était partagée entre plusieurs rois indigènes.

2° *Espagne*. — Les Arabes, en 711, avaient conquis l'Espagne sur les Wisigoths ; mais cette conquête n'avait jamais été complète. Les Wisigoths, réfugiés dans les montagnes des Asturies, commencèrent bientôt, sous la conduite de Don Pelage, une guerre héroïque contre leurs vainqueurs. Ce n'est cependant que par degrés que l'Espagne chrétienne, profitant de l'affaiblissement des Arabes, a reconquis sur eux le sol natal et son indépendance.

Espagne Musulmane : l'Émir Abdérame, de la race des Omniades, avait fondé à Cordoue un khalifat, rival de celui de Bagdad, qui comprenait même en Gaule la Septimanie. Ce khalifat, qui eut de très-beaux jours, ne conserva pas longtemps son unité ; il se démembra successivement en neuf petits royaumes :

1010	Royaume de	Murcie.
1010	—	Badajoz.
1013	—	Grenade.
1014	—	Saragosse.
1015	—	Majorque.
1021	—	Valence.
1023	—	Séville.
1026	—	Tolède.
1031	—	Cordoue.

Ainsi morcelée, la partie méridionale de la Péninsule ne resta pas longtemps sous la domination des Omniades. Les Almoravides d'Afrique et les Émirs de Maroc se la partagèrent. Les Chrétiens s'en emparèrent successivement, à l'exception du royaume de Grenade, qui resta aux Musulmans jusqu'en 1492.

Espagne chrétienne : les Wisigoths, après leur défaite, réfugiés sur le versant septentrional des Asturies, ne tardèrent pas à prendre l'offensive. Tandis qu'ils se maintenaient et s'agrandissaient insensiblement vers le nord-ouest, Pépin-le-Bref enlevait aux Arabes la Septimanie (759), et Charlemagne établissait, au sud des Pyrénées jusqu'à l'Ebre, sa domination (812), d'où sortirent les petits états chrétiens de Barcelone et de Navarre. Ainsi se forma, dans tout le nord de l'Espagne, une zone continue de principautés chrétiennes, qui marchèrent en ligne vers le sud. A la fin du XIe siècle, l'Espagne chrétienne comprenait déjà : au nord, le royaume de *Castille* et *Léon*, capitale Tolède, depuis 1085 ; à l'ouest, le comté de *Portugal*, conquis et fondé par Henri de Bourgogne, 1094, qui releva d'abord de la Castille, mais qui fut bientôt érigé en royaume, en 1139 ; au nord et à l'est, les royaumes de *Navarre* et d'*Aragon* alors réunis ; plus, le royaume de *Valence*, compris entre le Cabriel, le Xucar et la Méditerranée, déjà enlevé aux Ommiades, en 1092, par le khalife Almoravide Yousef, et enlevé à ce dernier, en 1094, par le Cid, général Castillan, qui s'en forma une souveraineté indépendante.

3° *Italie*. — Ce royaume, qui avait formé d'abord un état à part au traité de Verdun, et qui était maintenant une dépendance féodale de l'empire d'Allemagne, comprenait : la *Lombardie*, le *duché* ou *marquisat de Toscane*, les *États de l'Église* et les *États Normands*.

La *Lombardie* renfermait, au centre, des républiques indépendantes, dont les plus fameuses étaient les deux cités rivales, Milan et Pavie, autour desquelles se groupaient la plupart des villes-Lombardes ; et, sur le littoral des deux mers, les riches et puissantes cités de Venise qui possédait déjà les côtes de la Dalmatie, de Gênes maîtresse de la Corse, et de Pise maîtresse de la Sardaigne.

Le *duché* ou *marquisat de Toscane*, le plus puissant des fiefs italiens, avait la suzeraineté du duché de *Lucques*, et des comtés de *Parme*, *Modène*, *Reggio*, *Mantoue*, *Crémone*, etc.

Les *États de l'Église*, au centre, dûs à la munificence des premiers Carlovingiens, comprenaient, outre les domaines primitifs des papes, l'Exarchat et la Pentapole. De plus, la conquête de l'Italie méridionale par les Normands-Français, avait elle-même profité aux papes qui s'étaient arrogé la suzeraineté de ce pays, en consentant à en donner l'investiture aux vainqueurs, et ils avaient obtenu d'eux, en retour, la cession de la ville de *Bénévent*.

Les *États Normands*, conquis par les fils de Tancrède de Hauteville sur les Sarrazins, 1038-1090, étaient au nombre de quatre : la *principauté de Capoue* et *d'Aversa*, le *duché de Pouille et Calabre*, la *principauté de Tarente*, et le *grand comté de Sicile*.

4º *Allemagne*. — Le royaume de Germanie avait pour limites, vers le XIe siècle, le Rhône, la Saône, la Meuse et l'Escaut à l'ouest; la mer du Nord au nord-ouest; l'Eyder, la Baltique et le petit royaume de Slavonie au nord; l'Oder, la Pologne et la Hongrie à l'est ; les Alpes et la Méditerranée au sud. Il comprenait dix grandes divisions territoriales : la *Lorraine*, partagée depuis 955 en deux duchés, celui de *Haute-Lorraine* et celui de *Basse-Lorraine*, réunis un moment (1035-1044), et séparés encore en 1095 ; la *Saxe*, divisée depuis le milieu du Xe siècle en cinq parties, savoir : les trois duchés de *Westphalie*, d'*Angrie* et d'*Ostphalie*, et les deux margraviats de *Nord-Saxe* et d'*Ost-Saxe* ; la *Frise*, séparée en deux parties par le Fly ou lac Flévo ; la *Franconie*, composée de deux parties, la *Franconie-Orientale* et la *Franconie-Rhénane*, dont Othon le-Grand avait formé le *Palatinat du Rhin* ; la *Thuringe*, réunie à la Saxe vers le commencement du Xe siècle, reconstituée en margraviat à la fin du même siècle, et de nouveau incorporée au duché de Saxe en 1090 ; la *Souabe*, divisée en deux parties, le *Nordgau* ou *Basse-Alsace* et le *Brisgau* ou *Haute-Alsace* ; la *Bavière*, sur la frontière orientale de laquelle avait été créé, par Othon-le-Grand, le margraviat d'*Autriche* ou *Marche orientale* ; la *Carinthie* sur les rives de la Mur et de la Drave ; la *Bohême*, divisée en deux parties, le duché de *Bohême* au nord-ouest, et celui de *Moravie* au sud-est ; et enfin le *royaume d'Arles*, compris entre le Rhin, la Reuss, les Alpes, la Méditerranée, le Rhône, la Saône et le Jura, réuni à l'Empire sous Conrad-le-Salique, 1033.

5° *Etats Scandinaves*. — Les Etats Scandinaves, Danemark, Norwège et Suède, étaient la patrie de ces hommes intrépides, connus sous le nom générique de *Northmands*, c'est-à-dire, hommes du nord, qui, dès le VIIIe

siècle, visitèrent tous les rivages et fondèrent des états florissants.

Le Danemark, qui, avant le Xe siècle, était morcelé en plusieurs principautés, ne formait plus qu'un seul royaume, qui comprenait le *Jutland* et le *Sleswig* dans la presqu'île Cimbrique, la *Scanie* sur la côte de la Suède, et les îles *Fionie, Seeland* et *Laland. Roskild* en était la ville la plus importante.

La Norwège, qui avait compté jusqu'à dix-huit rois, fut réunie dans le XIe siècle, sous l'autorité d'un seul souverain, qui résidait dans l'île de Fidje, en face de Bergen. Ce royaume était à l'apogée de sa puissance. Outre le royaume continental, qui avait pour capitale *Nidaros*, aujourd'hui *Dronthein*, ses souverains étendaient leur puissance sur les îles secondaires de l'Archipel Britannique, sur l'Islande, le Groenland et les îles Shetland et Ferœr.

La Suède, partagée en plusieurs royaumes au IXe siècle, avait été ramenée à l'unité monarchique, vers 1001, par Olaüs, roi d'Upsal, qui prit le titre de roi de Suède Mais, à la fin du XIe siècle, elle était de nouveau partagée et formait deux royaumes, celui de *Suède* au nord et celui de *Gothie* au sud.

Dans les trois royaumes Scandinaves, la piraterie avait cessé dès le Xe siècle ; mais la position géographique de ces contrées empêcha encore longtemps leurs habitants de jouer un rôle dans la politique européenne.

6° *États Slaves*. — La moitié orientale de l'Europe, l'ancienne Sarmatie, était habitée par diverses tribus connues sous le nom de tribus Slaves, parmi lesquelles s'étaient établies quelques nations étrangères.

Ces principales tribus formaient : le royaume de *Slavonie* ou de *Wandalie*, sur le littoral de la Baltique, depuis l'Eyder jusqu'à l'embouchure de la Vistule, dont la dissolution donna naissance aux deux duchés de Poméranie et à celui de Mecklembourg; l'état des *Prussiens* et celui des *Lithuaniens*, plongés dans les ténèbres du paganisme; le grand-duché de *Russie*, démembré en une foule de principautés rivales; le royaume de *Hongrie*, entre les monts Krapaks, le Danube, la Save et la Morava, qui absorba, en 1091, la *Croatie*, indépendante jusqu'alors; et enfin, le royaume de *Pologne*, qui comprenait tout le bassin de la Vistule et celui de l'Oder, jusqu'au confluent de la Warta, et qui, bien qu'il fût sans cesse harcelé par ses sauvages voisins, n'en occupait pas moins le premier rang parmi les puissances Slaves.

7° *Empire Grec*. — L'empire d'Orient s'étendait en Europe, depuis le Pont-Euxin à l'est, jusqu'au Drin à l'ouest, et depuis le Danube au nord, jusqu'à la Méditerranée au sud. Il possédait de plus quelques villes fortifiées sur le littoral de l'Asie-Mineure. Cet empire qui, dans sa partie européenne, avait été respecté par les Barbares et avait conservé son nom et son territoire, allait être en butte aux attaques des peuples qui l'environnaient. Il fut tour-à-tour menacé par les *Normands* d'Italie qui lui enlevèrent la Grèce, par les *Arabes* d'Egypte et d'Afrique qui infestèrent la mer Egée, par les *Turcs* de l'Asie-Mineure qui plantèrent leurs tentes noires en face de Constantinople, et par les *Russes* qui assiégèrent quatre fois cette capitale. Malgré leur séparation religieuse avec les latins, les Grecs se verront obligés de les appeler au secours du dernier débris de l'empire romain.

Telle avait été la marche des Etats européens, depuis la mort de Charlemagne jusqu'à la croisade. A cette époque, on peut diviser l'Europe en quatre parties, d'après les différences de religion :

La partie septentrionale, représentée par les Etats Slaves et Scandinaves, était plongée dans les ténèbres du paganisme, ou se tenait en dehors du mouvement civilisateur par sa position géographique. La partie orientale, occupée par l'empire grec, déchirée par le schisme, se trouvait attaquée de tous côtés. La partie sud-ouest, encore occupée par les Maures, était en pleine décadence. La partie occidento-méridionale seule, où se trouvaient la France, l'Angleterre, l'Espagne, l'Italie et l'Allemagne, malgré ses nombreux démembrements, formait une unité compacte sous le patronage de l'Eglise, et allait étonner le monde et la postérité par cet élan généreux que la foi seule pouvait inspirer.

CHAPITRE VI.

Géographie politique de l'Europe en 1328.

Les guerres étrangères et civiles qui avaient ensanglanté l'Europe, depuis la première croisade, avaient fait subir à la puissance publique des perturbations et des déplacements, qui devaient lui donner une face nouvelle. Ce bouleversement de la géographie de l'Europe résume toutes les révolutions des XIIe et XIIIe siècles, et sert de point de départ à l'histoire des dernières scènes du moyen-âge.

A l'avénement des Valois, 1328, l'Europe comprenait huit groupes d'Etats : la France, les Iles Britanniques, les États Scandinaves, l'Empire Germanique, l'Espagne, l'Italie, les États Slaves et l'Empire Byzantin.

I. *France*. — La division féodale du royaume de France n'avait pas éprouvé de changements considérables depuis l'an 1095; mais la France royale s'était considérablement accrue sous les Capétiens directs. Grâce au bon sens et à l'énergie de Louis VI, à la valeur de Philippe-Auguste, et surtout à la vertu de saint Louis, les rois avaient établi incontestablement sur tout le territoire, leur puissance matérielle et morale; et il ne restait aux Anglais que la *Guyenne*, la *Gascogne* et le *Rouergue*. Cependant, dans le royaume d'Arles, la *Provence*, accrue du comté de Forcalquier, 1209, du *Comté de Nice*, 1229, et du *Piémont*, 1306, était devenue une annexe du royaume de Naples, depuis la conquête de ce pays par Charles d'Anjou; et le *Comtat Venaissin*, depuis l'exécution du traité de Meaux, 1274, appartenait au pape, qui avait transféré le Saint-Siége à Avignon, en 1309.

II. *Iles Britanniques*. — Les Normands avaient réuni à l'Angleterre qu'ils avaient conquise en 1066, l'*Irlande* (1171), le pays de *Galles* (1283), et la suzeraineté de l'Ecosse (1192). Mais ces acquisitions ne compensaient pas pour eux les pertes qu'ils avaient faites en France, où ils ne possédaient plus que le duché de Guyenne avec ses dépendances.

L'Ecosse, bien que vassale de l'Angleterre, formait toujours un royaume particulier, qui s'était accru de l'île de Man et des Hébrides, 1226.

III. *États Scandinaves*. — Le Danemark, la Norwège et la Suède formaient toujours trois Etats distincts, gouvernés chacun par un roi.

Le Danemark avait renoncé à ses prétentions sur les Iles Britanniques, depuis la conquête du duc de Normandie; mais il avait accru son territoire du royaume de *Slavonie*, 1196, du *Holstein*, 1200, des îles de

Rugen et de *Bornholm*, et d'une partie de *l'Esthonie* qu'il abandonna plus tard à l'Ordre Teutonique.

La Norwège avait assuré sa domination plus ou moins directe sur l'*Islande*, le *Groënland* et les colonies transatlantiques du *Wineland* (Massachusset).

La Suède, réunie à la Gothie sous Magnus *dit* Ladelas (1), en 1278, ne formait depuis cette époque qu'un seul royaume, agrandi de la Laponie, de la Finlande et de plusieurs îles.

IV. *Empire Germanique*. — L'Empire s'étendait sans interruption depuis le golfe de Finlande jusqu'à celui du Lion, depuis la mer du Nord jusqu'à la Morava et aux monts Kernicza en Illyrie. Il comprenait :

Les royaumes d'Italie et d'Arles, avec les sept électorats (Bohême, Saxe, Bavière et Brandebourg, et les trois archevêchés, Mayence, Cologne et Trêves).

Les duchés d'*Autriche*, de *Carinthie*, de *Styrie*, de *Carniole*, de *Lorraine*, de *Brabant*, de *Brunswick*, de *Holstein*, de *Mecklembourg*, etc; neuf Margraviats, quatre Landgraviats, trente-cinq Comtés principaux, quatre villes Hanséatiques, les trois cantons libres de l'Helvétie, *Uri*, *Schwitz* et *Underwald*, et enfin l'*Ordre Teutonique* qui, transplanté sur les bords de la Baltique au XIIIe

---

(1) Magnus fut surnommé *Ladelas*, c'est-a-dire Serrure de Granges, à cause des lois sévères qu'il porta contre les voleurs.

siècle, y possédait la *Prusse*, la *Courlande*, la *Livonie*, et la *Semigalle*.

V. *Espagne*. — L'Espagne se divisait toujours en deux parties bien inégales, l'Espagne musulmane et l'Espagne chrétienne.

L'Espagne musulmane avait été réduite par les chrétiens au royaume de Grenade, rétabli en 1238, par Mohammed I, le Naséride. Ce petit état était resserré entre la chaîne des Alpujarras et la mer, depuis les montagnes d'Oria jusqu'au rocher de Gibraltar.

L'Espagne chrétienne comprenait cinq royaumes :

La Navarre, qui appartenait à la couronne de France, depuis le mariage de la reine Jeanne I avec Philippe-le-Bel, 1284; le royaume de Majorque, créé en 1262, qui comprenait, outre Minorque et Iviça, les comtés de Roussillon et de Montpellier, et qui fut incorporé dans le royaume d'Aragon, en 1344; le royaume d'Aragon qui s'agrandit considérablement, et possédait la Sicile; le royaume de Castille, Galice et Léon, qui touchait aux deux mers; le royaume de Portugal qui renfermait déjà l'Estramadure, l'Alentéjo et l'Algarve.

VI. *Italie*. — Cette contrée se divisait en cinq parties bien distinctes, savoir : le *royaume d'Italie*, proprement dit, l'*État de l'Église*, le *royaume de Naples*, le *royaume de Sicile*, les *Républiques maritimes*, et les *îles de Corse et de Sardaigne*.

Le royaume d'Italie comprenait la *Marche de Vérone*, le *marquisat d'Este*, la *seigneurie de Mantoue* qui, cette année-là même, en 1328, fut érigée en marquisat au profit de la maison de Gonzague; la *seigneurie de Milan*, tombée au pouvoir des Visconti ; le *marquisat de Montferrat*, possédé par une branche des Paléologues ; les *villes Municipales*, la plupart asservies à leurs podestats ; enfin, les seigneuries de *Lucques* et de *Piombino*, et la république de *Florence*.

L'Eglise avait augmenté son *Patrimoine* de la *Marche d'Ancône*, 1200, du duché de *Spolète*, 1212, et de toute la *Romagne*. Elle possédait de plus *Bénévent* dans le royaume de Naples, et le *Comtat Venaissin* en France, où la papauté avait alors son siège.

Le royaume de Naples avait été séparé de la Sicile, depuis les Vêpres-Siciliennes, 1282. Il comprenait la *Terre de Labour*, les *Abruzzes* et la *Pouille ;* et, en dehors de l'Italie, la Provence, la principauté nominale de la Morée, et quelques villes, comme Corfou, Durazzo, etc.

Le royaume de Sicile appartenait à l'Aragon. Il possédait les îles de *Malte* et de *Gerbe*, et sur le continent de l'Italie, la *Calabre* et la *Terre d'Otrante*.

La *République de Venise* avait perdu la Dalmatie, conquise par les Hongrois; mais elle possédait les *Iles Illyriennes* et *Ioniennes*, le faubourg de Galata à Constantinople et plusieurs établissements en Thrace, en Epire, en Morée et dans l'Archipel. Elle s'intitulait *maîtresse d'un quart et demi de l'Empire Romain*.

Gênes avait conquis la Corse, l'Elbe et la Sardaigne, et possédait en Orient Péra, Caffa, Azof, Scio et Famagouste.

La république de *Pise* était expirante.

VII *Etats Slaves*. — Les principaux Etats Slaves étaient : la *Pologne*, placée au premier rang, mais qui n'avait pas encore acquis une grande importance ; le grand-duché de *Lithuanie ;* la république de *Nowgorod ;* la principauté de *Wladimir* et celle de *Kief ;* le royaume de *Hongrie* ; le royaume de *Bulgarie ;* et la *Grande-Horde*, qui devenait menaçante.

IX. *Empire Byzantin*. — Après la quatrième croisade, les Latins avaient fondé l'empire français d'Orient, qui ne dura que cinquante-sept ans, 1204-61. L'empire Grec, fugitif en Asie, rétablit son siège à Constantinople, sous la conduite de Michel Paléologue, qui avait substitué la dynastie de son nom à celle de Lascaris. Cet empire avait pour limites en Europe : la mer, la chaîne de l'Hœmus, le Drin et le Pénée (Selembria), indépendamment de quelques possessions isolées.

Tel était l'état de l'Europe au commencement du XIV° siècle. Tandis que parmi les Etats de l'Orient, les uns étaient encore dans le chaos, les autres couraient à leur chûte, les sociétés féodales de l'Occident accomplissaient leur dissolution comme l'Empire et l'Italie, ou tendaient à l'unité monarchique comme la France et les Iles Britanniques, qui allaient commencer cette lutte séculaire, prélude de leurs destinées futures.

CHAPITRE VII.

Géographie politique de l'Europe en 1453.

L'invasion de l'Europe par les Turcs-Ottomans, la prise de Constantinople par Mahomet II, la chute de l'empire Byzantin, la guerre de Cent-Ans entre la France et l'Angleterre, et surtout le progrès des idées et de la civilisation par suite des grandes découvertes du XIVe et du XVIe siècle, devaient nécessairement apporter de grandes modifications dans la constitution politique et géographique de l'Europe.

L'état politique de l'Europe au milieu du XVe siècle présente deux caractères principaux : 1º la tendance à l'unité dans chaque Etat, par l'organisation intérieure des gouvernements; 2º la tendance à l'unité dans l'Europe, par l'établissement de l'équilibre européen.

Sous le rappport géographique, l'Europe se trouve divisée en neuf groupes d'Etats : la France, la Grande-Bretagne, la péninsule Hispanique, la péninsule Italique, l'Allemagne, les Etats Scandinaves, les Etats Slaves, l'empire Mongol et l'empire Ottoman.

1. *France*. — La France, presque entièrement affran-

chie du joug des Anglais, n'avait pas encore atteint l'unité territoriale. Une féodalité nouvelle, due en grande partie à la funeste coutume des apanages, devenait menaçante ; on pouvait cependant prévoir le triomphe prochain de la royauté.

Au duché de France, berceau de la monarchie capétienne, les Rois, depuis Philippe I jusqu'à Charles VII, avaient ajouté de nombreuses possessions. En 1453, le domaine royal comprenait l'Ile de France, une portion de la Picardie, la Normandie presque entière, la Champagne, le Lyonnais, le Dauphiné, le Languedoc, la Guyenne, l'Aunis et Saintonge, le Poitou, le Berri et la Touraine.

L'autre partie du royaume était aux mains de la féodalité. Cinq maisons du sang royal subsistaient encore : celle d'Orléans, celle d'Anjou, celle de Bourbon, celle d'Alençon et surtout la maison de Bourgogne. Cette dernière avait de vastes possessions : 1° quatre provinces relevant de la France : Bourgogne, Charolais, Flandre et Artois ; 2° dix provinces étrangères : Franche-Comté, Luxembourg, Hainaut, Limbourg, marquisats de Namur et d'Anvers, Brabant, Hollande, Zélande et Frise ; 3° les cessions du traité d'Arras : comtés de Mâcon, de Boulogne, de Ponthieu ; et les villes de la Somme : Saint-Quentin, Péronne, Amiens, Abbeville, Roye et Montdidier.

Au-dessous de ces maisons d'origine royale venaient

celles de Bretagne, de Foix, d'Armagnac, d'Albret, de Blois, de Montfort, etc. Le pape tenait Avignon et le Comtat Venaissin; le roi de *Navarre*, la Basse-Navarre; et le roi d'*Aragon*, la Cerdagne et le Roussillon.

II. *Grande-Bretagne*. — La Grande-Bretagne formait encore deux royaumes distincts : celui d'Angleterre, qui comprenait l'Angleterre proprement dite, la principauté de Galles, l'Irlande, les Sorlingues, les îles Anglo-Normandes, et la ville de Calais sur la côte de France; celui d'Ecosse, qui renfermait toute la partie septentrionale de la Grande-Bretagne et les Hébrides.

L'Angleterre était gouvernée par Henri VI, de la maison de Lancastre, qui venait de perdre la couronne de France, et contre qui le duc d'York s'apprêtait à faire valoir les droits de sa maison longtemps méconnus. — Le royaume d'Ecosse était en proie l'anarchie féodale. L'autorité du roi, méprisée par les *Highlands* ou montagnards partagés en tribus ou *Clans*, n'était guère reconnue que par les habitants de la plaine ou *Lowlands*.

III. *Péninsule Hispanique*. — La Péninsule Hispanique formait encore cinq royaumes bien distincts : les quatre royaumes chrétiens de Castille, de Navarre, d'Aragon et de Portugal; et le royaume musulman de Grenade. — En Castille, affreuse anarchie causée par la faiblesse et l'inconduite de Henri IV. — En Navarre, luttes intestines occasionnées par les persécutions de Jean d'Aragon, contre son fils don Carlos. — En Aragon, Alphonse V, préférant le séjour du royaume de Naples, laissait le gouvernement à Jean II, son frère et son futur héritier. — Le Portugal commençait à sortir de son obscurité et s'illustrait par ces premières découvertes, qui ouvrirent une nouvellle route à la navigation. — Le royaume de Grenade était encore au pouvoir des Maures.

IV. *Péninsule Italique.* — L'Italie s'était affranchie à peu près complètement de la suprématie allemande; mais elle n'avait point su constituer son unité nationale, et se trouvait divisée en dix états divers : le royaume des Deux-Siciles qui appartenait au roi d'Aragon ; les Etats de l'Eglise au pape qui avait rétabli son siège à Rome depuis 1378, et mis fin au grand schisme depuis 1449; les duchés de Toscane aux Médicis; du Milanais aux Sforza, qui avaient remplacé les Visconti ; de Mantoue aux Gonzague, de Modène à la maison d'Este, de Montferrat à une branche des Paléologues ; les deux républiques de Gênes et de Venise, et la Savoie. — Tous ces états, jaloux les uns des autres, amollis par le luxe, sans moralité publique, sans force réelle, étaient disposés à faire intervenir les étrangers dans leurs querelles, et semblaient appeler de leurs vœux les malheurs qui vont fondre sur l'Italie. Cependant les lettres et les arts jetaient comme un voile brillant sur cette situation politique et morale si déplorable.

V. *Allemagne.* — L'empire d'Allemagne s'étendait depuis la Baltique au nord, jusqu'aux Alpes au sud, et de la Meuse et la Saône à l'ouest, jusqu'aux Etats Slaves à l'est. Il comprenait, outre l'Allemagne proprement dite, les débris des anciens royaumes de Lorraine et d'Arles.

Allemagne proprement dite. — On peut la diviser en Haute et Basse-Allemagne. Les Etats principaux de la Haute-Allemagne étaient : l'*Autriche*, érigée en archiduché le 6 janvier 1453; le *Palatinat;* le duché de *Bavière;* le comté de *Wurtemberg;* le margraviat de *Bade;* le burgraviat de *Nuremberg.* Les Etats principaux de la Basse-Allemagne étaient : le duché de *Saxe;* le landgraviat de *Thuringe;* le comté de *Reuss;* le landgraviat de *Hesse;* le comté de *Hanau;* le comté de *Nassau;* le comté de la *Lippe*, le margraviat de *Brandebourg;* le duché de *Poméranie;* le duché de *Mecklembourg;* le duché de *Sleswig-Holstein;* le duché de *Brunswick;* le comté d'*Oldembourg.*

Lorraine. — Les Etats formés dans l'ancien royaume de Lorraine et relevant de l'Empire étaient : le duché de la *Haute-Lorraine;* le duché de *Brabant;* le comté de *Juliers;* le comté de *Clèves;* le duché de *Gueldres.*

Ancien royaume d'Arles. — Les débris de ce royaume qui faisaient partie de l'Empire étaient : la *Franche-Comté* ou comté de *Bourgogne*, appartenant aux ducs de Bourgogne ; le comté de *Montbéliard* ; le comté de *Neufchâtel* et le duché de *Savoie*.

L'Allemagne renfermait en outre un grand nombre de princes ecclésiastiques.

Sous le rapport politique, les Etats de l'Empire étaient divisés en quatre classes, savoir : le Collége électoral, le Collége des princes, le Corps des villes libres et impériales, le Corps de la noblesse immédiate.

Une troisième confédération, connue sous le nom de *Hanse teutonique* ou *ligue Hanséatique*, formait alors comme une république à part dans l'Allemagne. Cette ligue, fondée vers 1241, avait acquis une grande puissance maritime. Elle était répartie en quatre cercles, celui de Lubeck, celui de Cologne, celui de Brunswick et celui de Dantzick. Lubeck en était regardée comme le chef-lieu. Ce fut vers la fin du XIVe siècle et dans la première moitié du XVe, que la ligue se trouva dans l'état le plus florissant ; elle se composait alors de plus de quatre-vingts villes et avait des comptoirs à *Bergen* en Norwège, à *Nowgorod* en Russie, à *Londres* en Angleterre, et à *Bruges* en Flandre.

Malgré le nombre et l'esprit guerrier de ses habitants, l'empire d'Allemagne était condamné à l'impuissance par les vices de sa constitution. Ce n'était guère qu'une agglomération anarchique d'états indépendants, dont le chef, sans pouvoir, sans armée, sans revenus, n'avait d'empereur que le nom.

En dehors de l'Allemagne, s'étaient formés indépendants, les huit cantons de Schwitz, Uri, Untervald, Lucerne, Zurich, Glaris, Zug, Berne et la ligue des Grisons, qui constituaient déjà la confédération Helvétique.

VI. *États Scandinaves.* — Le Danemark, la Norwège et la Suède, réunis sous un même sceptre, en 1397, par le traité de Calmar, formaient, depuis 1448, deux royaumes distincts : le royaume de Danemark et Norwège, et le royaume de Suède qui renfermait la Botnie, la Finlande et l'archipel des îles Aland.

VII. *États Slaves.* — Les États Slaves étaient : la Prusse et la Livonie, réunies sous l'autorité du grand-maître de l'ordre Teutonique; la Russie, divisée en une foule de petits états, dont le principal était le grand duché de Moscovie; la Hongrie, qui comprenait en outre la Transylvanie, l'Esclavonie et la Croatie; et la Pologne, qui renfermait à cette époque la Lithuanie, et était la puissance dominante dans le nord.

VIII. *États Mongols.* — Les Mongols avaient élevé, en 1234, dans la Comanie ou Polovtsie, nommée par les orientaux Kaptschak, un vaste empire qu'ils appelèrent la *Horde-d'Or*, la *Grande-Horde* ou *Horde du Kaptschak*, et qu'ils agrandirent bientôt vers le nord-est, aux dépens des Russes. Mais dans le cours des XIIIe, XIVe et XVe siècles, cet empire subit plusieurs démembrements successifs, et en 1453, il se trouvait divisé en cinq principautés ou Khanats : celui des Tartares, celui de Crimée, celui d'Astrakhan, celui du Kaptschak, et celui de Kazan.

IX. *Empire Ottoman.* — L'empire grec venait de succomber avec sa capitale (mai 1453) L'empire Ottoman, élevé sur ses ruines, s'étendait en Europe, depuis la mer Noire jusqu'au Timok, et depuis les monts Piétra-Tatra, qui le séparaient de la Hongrie, jusqu'à l'Archipel. Il comprenait la Valachie, la Bulgarie, la Romélie, la Livadie, le duché de Janina et la dépendance de la Moldavie, tributaire depuis 1451.

Trois principautés, démembrées de l'empire grec, conservaient encore leur indépendance ; mais elles ne devaient pas tarder à la perdre : c'étaient le duché d'Athènes, la despotie de Morée et le comté de Céphalonie (1).

---

(1) Barberet et Magin.

CHAPITRE VIII.

Géographie politique de l'Europe en 1648.

Depuis 1453, l'Europe avait éprouvé de grandes commotions politiques : les guerres d'Italie, les guerres de la réforme, et surtout la guerre de Trente-Ans avaient profondément ébranlé les Etats de l'Occident. La paix de Westphalie (1648) consolida l'équilibre Européen, et fut la base d'une nouvelle constitution politique, qui partagea l'Europe en vingt-un états principaux, savoir : quatre au nord ; la Grande-Bretagne, le Danemark et Norwège, la Suède, la Russie ; six au centre, la Pologne, la Prusse et Brandebourg, l'Allemagne, les Provinces-Unies, la France et la Suisse ; onze au sud, le Portugal, l'Espagne, la Savoie, Gênes, Mantoue et Montferrat, Venise, Modène et Reggio, Parme et Plaisance, la Toscane, les Etats de l'Eglise et l'Empire Ottoman.

I. ETATS DU NORD.

Grande-Bretagne. — Depuis l'avènement des Stuarts au trône d'Angleterre, à la mort d'Elisabeth (1603), les trois royaumes d'Angleterre, d'Ecosse et d'Irlande, étaient réunis sous le nom de royaume de la *Grande-Bretagne*. Cette réunion avait compensé la perte de Calais, qu'elle avait restituée à la France par la paix de Câteau-Cambrésis (1559).

La Grande-Bretagne était, en 1648, en proie à l'anarchie. L'opposition religieuse avait conduit inévitablement à l'opposition politique; et le malheureux Charles I, vaincu dans sa lutte contre le parlement, attendait dans sa prison le moment de sa condamnation et de son supplice. La république allait bientôt remplacer la monarchie.

II. *Danemark et Norwège.* — Le Danemark, toujours uni à la Norwège, et ne formant qu'un seul et même royaume, avait pris une part active à la guerre de Trente-Ans (2ᵉ période, 1625-29); mais son roi, Christian IV, vaincu par Tilly à *Lutter*, 1626, et menacé par les exploits de Waldstein, fut forcé d'abandonner la cause de ses alliés et de signer une paix séparée avec l'empereur à *Lubeck*, 1629. Le Danemark se trouva dès-lors très-affaibli de cette lutte. La Suède voudra profiter de cet affaiblissement pour conquérir le pays, qui sera heureusement sauvé de la conquête par l'intervention de la Hollande, de l'Autriche, de la Pologne et du Brandebourg.

III. *Suède.* — La Suède avait joué un rôle brillant

dans la guerre de Trente-Ans (3ᵉ période, 1630-35); mais ce pays pauvre et peu peuplé, presque entièrement dépourvu d'agriculture et d'industrie, se trouva, à la fin de la guerre, complètement épuisé. Cet État, devenu, dans les XVᵉ et XVIᵉ siècles, la puissance prépondérante du Nord, s'était fait rendre par les Russes, en 1617, la *Carélie* et *l'Ingrie*, qu'il avait été contraint de leur abandonner en 1595; et il avait enlevé à la Pologne (1630), *l'Esthonie* et la *Livonie*. Le traité de Westphalie lui donna en outre d'importantes possessions sur la Baltique, savoir : la *Poméranie Citérieure* et une partie de *l'Ultérieure*, l'expectative de toute la *Poméranie* et de l'évêché de *Camin*, l'île de *Rugen*, la ville et le port de *Wismar*, l'archevêché de *Brême* et l'évêché de *Verden*, à titre de duchés. La Suède se trouvait ainsi, en 1648, maîtresse presque absolue des côtes orientales et méridionales de la Baltique.

IV. *Russie*. — Ce pays avait été complètement étranger au mouvement qui avait agité tout l'Occident. Il n'avait été occupé, pendant les deux siècles qui suivirent la prise de Constantinople, qu'à guerroyer avec ses voisins et se créer une nationalité. Toutes les républiques et la plupart des Khanats Mongols furent réunis sous la domination du grand-prince, qui prit dès-lors le titre de *Tzar* ou *Czar*. En 1648, les bornes de l'empire russe étaient : au nord, la mer Blanche; à l'est, les monts Ourals et la mer Caspienne; au sud, le Khanat de la Crimée et l'empire Ottoman; et à l'ouest, l'Allemagne, la Pologne et les possessions Suédoises. Les Russes avaient déjà acquis la *Sibérie* depuis 1583.

ÉTATS DU CENTRE.

I. *Pologne.* — Dans les XIVe et XVe siècles, la Pologne avait brillé d'un éclat particulier entre tous les états Slaves, et avait occupé le premier rang dans le Nord. En 1648, elle était déjà descendue au second, et était bien près de tomber au troisième. Il y avait à peine une douzaine d'années (1635), qu'elle s'était vue obligée de céder aux Suédois la *Livonie* et l'*Esthonie* qu'elle tenait de l'ordre des Porte-Glaive depuis 1561, après avoir défendu ces provinces contre les efforts des Russes qui tournaient déjà leurs yeux du côté de l'Occident. — La Pologne avait maintenant pour limites la mer Baltique, la Livonie Suédoise, la Poméranie Prussienne, la Silésie Autrichienne, les monts Krapacks qui la séparaient de la Hongrie, le Dniestr de la Turquie et la Podolie de la Russie.

II. *Prusse et Brandebourg.* — Le descendant des Hohenzollern, de cette famille de Brandebourg qui avait obtenu la dignité électorale au concile de Constance, 1414, Albert, grand-maître de l'ordre Teutonique, ayant embrassé la réforme en 1525, sécularisa la Prusse ducale, qui fut perdue pour l'ordre, dont le siége fut dès-lors transporté à *Mergentheim* ou *Marienthal* en Franconie. La puissance des électeurs de Brandebourg prit dès ce moment un grand développement. En 1648, Frédéric-Guillaume avait déjà le titre de *Grand-Electeur*, et obtint au traité de Westphalie quelques acquisitions importantes, comme la Poméranie, le duché de Magdebourg et la principauté de Minden. Frédéric-Guillaume fut le véritable fondateur de la grandeur de sa maison ; il joua un rôle très-actif dans les coalitions Européennes, formées contre Louis XIV. Son fils s'appellera le roi de Prusse.

III. *Allemagne.* — Ce pays, qui avait été le principal théâtre de la guerre de Trente-Ans, était sorti épuisé de cette fatale lutte. Le traité de Westphalie avait morcelé l'Allemagne en trois cent soixante Etats, et avait assuré leur indépendance vis-à-vis de l'empereur. C'était le coup de grâce porté à ce fameux empire qui avait succédé à l'Empire Romain, et qui revendiquait depuis Charlemagne la prééminence en Europe.

Au point de vue géographique, le traité de Westphalie divisait l'Allemagne en neuf cercles, d'Autriche, de Bavière, de Souabe, de Franconie, de Bas-Rhin, de Haut-Rhin, de Westphalie, de Basse-Saxe et de Haute-Saxe. L'ancien cercle de Bourgogne, reconnu par les diètes d'Augsbourg (1500) et de Cologne (1512), et qui ne comprenait plus que les Pays-Bas, n'existait plus, par la reconnaissance formelle de l'indépendance de ce pays.

IV. *Provinces-Unies* ou *Hollande*. — Charles-Quint avait ajouté aux provinces qu'il tenait de la succession de Bourgogne, celles de *Gueldre*, de *Frise* et de *Groningue*, et avait ainsi formé le corps des Pays-Bas. Ces provinces, transférées par lui en 1553 à son fils Philippe II, firent partie de la monarchie Espagnole jusqu'au moment où l'insurrection sépara violemment sept d'entre elles de cette monarchie. Ces sept provinces étaient : la Gueldre, la Hollande, la Zélande, Utrecht, Over-Yssel, la Frise et Groningue ; elles formèrent, par le fameux traité d'union conclu à Utrecht, 1579, une confédération particulière sous le nom de *Provinces-Unies ;* cette indépendance fut sanctionnée par le traité de Westphalie, par lequel le roi d'Espagne abandonna toute prétention sur elles, pour lui et pour ses successeurs.

Ce pays entra dès ce moment dans la voie du progrès. Ses vaisseaux sillonnèrent toutes les mers et établirent des colonies aux Indes-Orientales et dans l'Océanie, qui furent pour cette république une source féconde de richesses. Nulle puissance ne rivalisait avec elle dans l'art de la construction navale. Mais malheureusement son territoire était trop petit, et sa population trop peu nombreuse pour porter un vaste empire.

V. *France.* — Depuis 1453, la royauté française avait fait des progrès immenses. Le domaine royal s'était considérablement agrandi ; la féodalité était écrasée, et toutes les forces de la France étaient réunies dans les mains du roi. Le royaume formait alors l'unité la plus compacte.

Les différentes provinces qui avaient été ajoutées au domaine royal, depuis le XVe siècle, sont : la Bourgogne (1477) ; l'Anjou (1480) ; le Maine et la Provence (1481) ; la Bretagne (1491) ; l'Angoumois (1515) ; le Bourbonnais et l'Auvergne (1527) ; une partie de la Lorraine (1558) ; le royaume de Navarre, le Béarn, le comté de Foix et le Limousin (1589).

La France comprenait donc à cette époque vingt-sept provinces : quatre au nord, Picardie, Normandie, Ile de France et Champagne ; quatre à l'est, partie de la Lorraine, Bourgogne, Lyonnais et Dauphiné ; cinq au sud, Provence, Languedoc, comté de Foix, Béarn, Guyenne et Gascogne ; six à l'ouest, Angoumois, Aunis et Saintonge, Poitou, Anjou, Maine et Bretagne ; huit au centre, Orléanais, Nivernais, Bourbonnais, Auvergne, Limousin, Marche, Touraine et Berri. Pour avoir les limites de la France de nos jours, il ne restait qu'à conquérir la Flandre, l'Artois, la Franche-Comté, l'Alsace, le Roussillon et l'autre partie de la Lorraine, ce sera l'œuvre de Louis XIV ; et à reprendre le comtat Venaissin au Pape, ce sera celle de l'Assemblée nationale constituante.

VI. *Suisse.* — Depuis le milieu du XVe siècle, la confédération Helvétique s'était accrue par la conquête de la *Turgovie* (1464), et par l'accession de cinq nouveaux cantons : *Fribourg* et *Soleure* (1481), *Bâle* et *Schaffouse* (1501), *Appenzell* (1513). Le nombre des cantons fut donc porté à treize, et leur indépendance reconnue formellement par le traité de Westphalie. La confédération Helvétique prenait ainsi rang parmi les états européens.

ÉTATS DU SUD.

I. *Portugal.* — Le Portugal avait été conquis et incorporé à l'Espagne, en 1582, sous le règne de Philippe II ; mais en 1640, pendant la guerre de Trente-Ans, grâce aux intrigues de Richelieu, il recouvra son indépendance nationale et ses anciennes frontières. Mais ses colonies et son commerce passèrent entre les mains des Espagnols d'abord et puis des Hollandais.

II. *Espagne.* — La réunion de la Castille et de l'Aragon, préparée par le mariage de Ferdinand d'Aragon et d'Isabelle de Castille en 1469, et consommée en 1479, la conquête du royaume musulman de Grenade en 1492, et la confiscation de la Navarre en 1515, donnèrent l'unité à l'Espagne. Cette monarchie s'agrandit encore au dehors par des conquêtes et des héritages. Ferdinand s'empara du royaume de Naples,

1501-1503; et son petit-fils Charles-Quint ajouta à tous ses états le Milanais, la Franche-Comté, l'Artois et les Pays-Bas

A l'abdication de Charles-Quint, 1556, avait eu lieu la séparation des deux branches de la maison d'Autriche. Malgré cela, la puissance de son fils, Philippe II, fut redoutable. Il régnait en effet en maître absolu sur les royaumes de Castille, d'Aragon et de Navarre; sur Naples, la Sicile, le Milanais, le Roussillon, la Flandre et la Franche-Comté. Son autorité était reconnue à Oran, au Cap-Vert; et il possédait dans le Nouveau-Monde, ce mystérieux *Eldorado*, dont les trésors pouvaient le rendre l'arbitre des destinées de l'Europe. De plus, le duc d'Albe fit, en 1580, la conquête du Portugal; et toutes les possessions Portugaises en Amérique, en Afrique et dans les Indes, tombèrent au pouvoir de l'Espagne. Mais ce pays ne tarda pas à décheoir de ce rang. La perte des Provinces-Unies, 1579, et celle du Portugal, 1640, furent le signal de sa décadence. En 1648, il comprenait toujours toute la Péninsule Hispanique, moins le Portugal; mais dans les Pays-Bas, il n'avait conservé que dix provinces, connues sous le nom de *Pays-Bas Espagnols*, et qui étaient les duchés de Brabant, de Luxembourg, de Limbourg et de Gueldre méridionale, les comtés de Flandre, de Hainaut, de Namur et d'Artois, la seigneurie de Malines et celle d'Anvers. A Naples et dans la Sicile, la domination

Espagnole était mal affermie. Le temps n'était pas éloigné où de nouveaux sacrifices allaient être imposés à l'Espagne.

III. *Savoie.* — La Savoie, qui devait jouer un rôle si brillant et qui semble appelée aujourd'hui à de hautes destinées, n'était en 1453 qu'un petit duché d'Italie. Ce duché acquit une certaine importance dans les deux grandes guerres que se livrèrent, dans le XVIe et dans le XVIIe siècle, les deux maisons de France et d'Autriche. Dans la première de ces guerres, les ducs de Savoie s'étaient déclarés pour Charles-Quint ; ils en furent punis par la perte de leur duché, qui leur fut toutefois restitué à la paix de Câteau-Cambrésis, 1559. Dans la guerre de Trente-Ans, la Savoie prit fait et cause pour la France, et en fut récompensée par l'acquisition de plusieurs villes et districts importants.

IV. *Gênes.* — Cette république était déchue depuis longtemps de son ancienne splendeur. Elle se laissait déchirer par des factions qui la soumettaient tour-à-tour au roi de France et au duc de Milan. Elle s'était donnée en effet à la France, en 1458 ; celle-ci l'avait cédée au duc de Milan, en 1464, pour la reprendre en 1515 ; enfin, elle fut affranchie par André Doria, en 1528. Depuis lors elle resta dans un état médiocre, conservant toutefois la Corse, malgré plusieurs soulèvements.

V. *Mantoue et Montferrat.* — En 1453, le marquisat de Mantoue appartenait aux Gonzague, et le duché de Montferrat à une branche des Paléologues. En 1530,

Charles-Quint érigea en duché le marquisat de Mantoue, et lui céda, en 1536, le *Montferrat*, vacant par l'extinction des Paléologues. Un prince de la maison de Gonzague épousa, en 1561, l'héritière du duché de Nevers. La branche des Gonzague de Mantoue s'étant éteinte en 1627, celle des Gonzague de Nevers recueillit tout son héritage, et devint assez puissante pour oser revendiquer l'héritage des Paléologues à Constantinople. Le pape lui donna son appui et approuva l'ordre de l'*Immaculée Conception*, établi à ce sujet ; mais Richelieu arrêta ces vastes projets.

VI. *Venise.* — Depuis la prise de Constantinople et la découverte de l'Amérique, Venise avait cessé d'être la reine de la mer. Son territoire continental était bien, en 1648, un peu plus étendu qu'en 1453, mais les Turcs lui avaient enlevé successivement presque toutes ses colonies. A cette époque, elle ne possédait guère que la capitale de l'île de Candie, qui devait succomber en 1668.

VII. *Modène et Reggio.* — Ce duché appartenait à la maison d'Este, qui avait perdu le duché de Ferrare en 1598. Pendant la guerre de Trente-Ans, le duc de Modène et Reggio s'était déclaré en faveur de l'empereur, et avait obtenu quelques concessions de territoire qu'il sut conserver au traité de Westphalie, pour avoir passé depuis un an du côté de la France.

VIII. *Parme et Plaisance*. — Ces deux villes et leur territoire, qui avaient autrefois fait partie du Milanais, formaient, en 1648, un duché qui appartenait à la famille des Farnèse. L'empereur Maximilien I les avaient cédées au Pape, comme ayant appartenu à la grande-comtesse Mathilde ; et le pape Paul III les fit passer dans sa famille, à titre de fief ecclésiastique héréditaire.

IX. *Toscane*. — La ville de *Florence*, capitale d'une république, à la tête de laquelle Charles-Quint avait placé le duc Alexandre de Médicis, avait soumis petit-à-petit à sa domination tout le territoire environnant, qui forma, dès 1576, le grand-duché de Toscane. Ce pays, à l'exception de la république de Lucques et la principauté de Massa qui conservèrent seules leur indépendance, était, en 1648, un des foyers de la science ; il venait de voir mourir dans son sein le disciple de Galilée, Torricelli, l'inventeur du baromètre.

X. *Etats de l'Eglise*. — Les Etats de l'Eglise avaient aussi étendu leurs limites ; ils s'étaient accrus de la Romagne, de Bologne, d'Imola, de Cesène, de Rimini, de Faenza, du duché d'Urbin, du comté de Montefeltro, et des duchés de Castro et de Ronciglione, sans perdre Bénévent et le comtat Venaissin. La république de Saint-Marin demeura seule indépendante dans les Etats de l'Eglise, et s'est conservée ainsi jusqu'à nos jours.

XI. *Empire Ottoman*. — Depuis la prise de Constantinople, les Turcs avaient marché de conquête en conquête; ils avaient soumis successivement : le duché d'Athènes (1456), la despotie de Morée (1457), la Servie (1458), les anciennes possessions des Génois (1462), la Bosnie (1463), l'Albanie (1466), la Croatie (1486), les possessions Vénitiennes (1470-1540), la Moldavie (1530) et l'île de Candie (1644-1668). Ces conquêtes avaient étendu leur domination, de la mer Noire à l'Adriatique, et du Pruth à la Méditerranée. Mais, quand l'Europe, fortement constituée, sut opposer des barrières à l'invasion musulmane, cet empire qui ne vivait que par la guerre, commença à déchoir et tomba rapidement au dernier rang.

En 1648, l'Europe comprenait donc deux parties bien distinctes, les états de l'Orient et les états de l'Occident. Les premiers étaient restés étrangers aux grands mouvements qui agitaient l'Europe Occidentale ; la plupart, comme la Pologne, étaient dans la décadence; quelques-uns, comme la Prusse et la Russie, quoiqu'encore dans l'obscurité, la Russie du moins, préludaient cependant à leur grandeur future. — Dans l'Occident, la France seule était grande et prospère, et pleine de foi dans ses destinées; l'Angleterre était au fort de sa révolution, et déchirée par les partis; l'Espagne, l'Italie et l'Empire avaient été frappés à mort dans la guerre de Trente-Ans, et s'endormaient d'un sommeil funeste; la Hollande seule, par ses richesses et sa puissance, aurait pu être à craindre, si les bases de sa grandeur si soudaine eussent été plus larges et par conséquent plus solides. Les traités de Westphalie, qui consacraient le triomphe, de la maison de Bourbon sur la maison d'Autriche, donnaient donc à la France le premier rang parmi les nations Européennes.

CHAPITRE IX.

Géographie politique de l'Europe en 1715

Quand Louis XIV prit en main les rênes de l'Etat (1661), la France, grâce au génie de Richelieu et à la persévérance de Mazarin, avait atteint le but que lui avait montré Henri IV, à savoir, l'abaissement de la maison d'Autriche. Le nouveau roi, fier des ressources créées par Colbert, de l'armée et de la marine formidables, organisées par Louvois, voulut faire de la France la puissance prépondérante en Europe et la mettre à la place qu'avait occupée la maison d'Autriche pendant le XVIe siècle. Pour cela, il fallait d'abord démembrer l'Espagne et l'absorber ensuite : c'était la rupture de l'équilibre européen, rétabli par les traités de Westphalie. L'Europe alarmée prit les armes ; et, après des guerres sanglantes et nombreuses, l'équilibre, si fortement ébranlé, fut enfin rétabli de nouveau par les traités d'Utrecht et de Rastadt (1713 et 1714), qui ne précédèrent que de fort peu la mort du grand roi.

Nous allons voir ce qu'était devenue l'Europe à cette

époque, et indiquer sommairement les péripéties de chacun des Etats, depuis la paix de Westphalie.

En 1715, comme en 1648, l'Europe était divisée en vingt-un Etats principaux, que nous allons parcourir, en suivant le même ordre que dans le chapitre précédent.

ÉTATS DU NORD.

I. *Grande-Bretagne.* — Pendant la période de 1648 à 1715, la Grande-Bretagne a été profondément agitée dans l'intérieur. C'est la grande époque de ses révolutions. Elle a passé successivement, après des luttes sanglantes, de la monarchie à la république, de la république à la monarchie, et de la monarchie au gouvernement constitutionnel. En 1715, la maison de Brunswick-Hanovre occupait le trône dans la personne de Georges Ier, arrière-petit fils de Jacques I, par sa mère Sophie. Depuis l'avènement de Georges, 1714, l'électorat de Hanovre, en Allemagne, avait été réuni à l'Angleterre, qui comptait déjà d'importantes possessions coloniales en Asie, en Afrique et en Amérique.

L'Angleterre avait été une des puissances les plus acharnées contre Louis XIV. C'était elle surtout qui s'était mise à la tête de la guerre de la succession d'Espagne, si habilement dirigée pendant quelque temps par son général Marlborough. Au traité d'Utrecht, 1713, l'Espagne lui donna Gibraltar et Minorque ; et la France lui céda la baie d'Hudson, l'Acadie, Terre-Neuve et St-Christophe.

II. *Danemark et Norwège.* — Ce royaume, épuisé par la guerre de Trente-Ans, ne prit aucune part aux grands évènements qui s'accomplirent sous le règne de Louis XIV. Frédéric IV était sur le trône en 1715.

III. *Suède.* — La Suède avait été entraînée par Louis XIV dans la guerre contre les Hollandais ; mais elle n'y éprouva que des revers, qui furent pourtant réparés par la paix de Nimègue, 1679. Ce royaume vit ensuite renaître ses beaux jours sous le règne de Charles XII, 1697-1718, dont le nom est si justement célèbre. Sa vie entière ne fut qu'une seule et longue guerre contre les Danois, les Polonais et les Russes, auxquels se joignirent aussi les Saxons, les Prussiens et les Anglais.

IV. *Russie.* — Pierre-le-Grand, un des plus grands hommes de ce siècle, occupait le trône de Russie, depuis 1689. C'était lui qui devait faire de son pays une puissance maritime, et l'élever au rang des autres nations civilisées de l'Europe ; mais les évènements les plus remarquables du règne de ce prince ne se sont passés qu'après 1715.

ÉTATS DU CENTRE.

I. *Pologne.* — L'électeur de Saxe, Frédéric-Auguste II,

était sur le trône de Pologne, depuis 1697 ; détrôné par Charles XII, roi de Suède, 1704, et remplacé par Stanislas Leczinski, il fut rétabli après la bataille de Poltava, 1709. Ce malheureux pays, épuisé par une longue anarchie et déchu de son antique puissance, était menacé de tous côtés par la Russie, la Prusse et l'Autriche, qui attendaient l'occasion d'usurper son territoire.

II. *Prusse.* — Ce royaume qui ne datait que du commencement du XVIIIe siècle, avait déjà pris rang parmi les principaux Etats de l'Europe. Frédéric-Guillaume, surnommé le Grand-Electeur (1640-1688), avait été le principal antagoniste de Louis XIV en Allemagne. Ce fut lui qui accueillit dans ses Etats les protestants français, que la révocation de l'Edit de Nantes avait obligés de chercher une nouvelle patrie. Son fils Frédéric III se fit reconnaître par la cour de Vienne comme roi de Prusse, sous le nom de Frédéric Ier : on payait ainsi les secours qu'il promettait de fournir contre la France. Il fut sacré solennellement à Kœnisberg, le 10 janvier 1701. Frédéric Ier prit part à la grande lutte de l'Europe contre Louis XIV, qui avait refusé de le reconnaître comme roi, et contribua à l'humiliation de la France, épuisée par sa lutte contre l'Europe entière. Son fils Frédéric-Guillaume I lui succéda en 1713, l'année même de la paix d'Utrecht. Louis XIV consentit, par ce traité, à reconnaître l'ancien électeur de Branlebourg en qualité de roi de Prusse. Ce royaume comprenait alors l'ancien margraviat de Brandebourg, la Prusse teutonique, le duché de Clèves, les comtés de la Marche et de Ravensberg, le duché de Magdebourg, et les principautés d'Halberstadt, de Minden et de Camin, les principautés de Neufchâtel et de Valengin, enfin la ville et le duché de Gueldre. Pour maintenir dans la soumission tant de provinces, Frédéric-Guillaume entretenait une armée de 80,000 soldats, qui lui permit, non seulement de maintenir sa puissance, mais encore de l'augmenter par de nouvelles acquisitions. Une attaque imprudente des Suédois dirigée contre l'île d'Usedom, lui fournit un prétexte de se joindre à la ligue qui s'était formée contre Charles XII, 1715.

III. *Allemagne*. — La maison d'Autriche, qui gouvernait l'Empire, était entrée dans la grande ligue des puissances Européennes contre Louis XIV; et elle avait pris part aux traités de Nimègue, de Ryswick et de Rasadt Ce dernier, signé le 6 mars 1714, mit enfin un terme aux hostilités. Grâce à la défection des autres puissances, l'empereur, demeuré le seul adversaire de Louis XIV, fut obligé d'accepter des conditions qu'il aurait rejetées bien loin quelques années plus tôt. Charles VI abandonna ses prétentions sur le royaume d'Espagne, en faveur de Philippe V; mais le royaume de Naples, les duchés de Mantoue et de Milan, la Sardaigne et les Pays-Bas lui furent conservés; et il obtint la restitution du vieux Brisach, de Fribourg et de Kehl. Ainsi la monarchie espagnole se démembrait et se renfermait en Europe dans sa péninsule; et l'Empire s'agrandissait de toutes ses pertes.

IV. *Suisse.* — Les cantons Suisses étaient toujours au nombre de treize. Ce pays resta dans la neutralité depuis la paix de Westphalie, qui reconnaissait officiellement son existence; aussi jouit-il d'une paix profonde, rarement troublée par des querelles religieuses entre les cantons.

V. *Provinces-Unies.* — Aucun changement n'avait eu lieu dans les divisions politiques des Provinces-Unies. Le Stathoudérat avait été supprimé une première fois, en 1650, à la mort de Guillaume II, et remplacé par l'administration du Grand-Pensionnaire Jean de Witt, 1650-72; mais au moment de l'invasion de Louis XIV, les Hollandais, indignés des propositions de Jean de Witt, le massacrèrent et rétablirent le Stathoudérat en faveur de Guillaume III, 1672-1702. Il fut de nouveau supprimé en 1702, et remplacé par l'administration du Grand-Pensionnaire Heinsius, pour être rétabli définitivement et déclaré héréditaire en faveur de la maison de Nassau-Orange. 1747.

VI. *Gênes.* — Gênes avait été bombardée en 1684; son doge était venu s'humilier devant Louis XIV, à Versailles. Le territoire de cette république s'étendait sur toute la côte dite de Gênes, depuis Oneglia jusqu'à Massa (1).

VI. *France.* — Le règne de Louis XIV fut pour la France la plus brillante époque de son histoire. Par ses armes et surtout par sa littérature, elle acquit une puissance prépondérante, et se mit à la tête des nations. Son territoire était à peu près le même que de nos jours, moins le comtat Venaissin, qui appartenait toujours au Pape, la Corse aux Génois, et la Lorraine qu'elle avait cédée au duc Léopold (1697, traité de Ryswick). Le traité des Pyrénées (1659) lui avait donné le Roussillon, celui d'Aix-la-Chapelle (1668) la Flandre; et celui de Nimègue (1679) la Franche-Comté et douze places fortes dans les Pays-Bas. Le règne de Louis XV, qui commençait, allait compromettre la gloire et l'honneur de notre pays.

ETATS DU SUD.

1. *Portugal.* — Ce royaume, dont les limites étaient depuis longtemps fixées, avait pris part aux luttes de l'Espagne contre la France. En 1715, il conservait les mêmes divisions politiques, sous l'autorité de Jean V.

(1) Une erreur typographique nous a fait placer Gênes dans les Etats du Centre; nous donnons plus bas à cette république la place qu'elle occupe naturellement dans le Sud, avec le même numéro d'ordre.

II. *Espagne.* — Les traités d'Utrecht et de Rastadt (1713 et 1714), avaient reconnu définitivement Philippe V, de la maison de Bourbon, comme roi d'Espagne; mais ils avaient aussi démembré cette monarchie : Gibraltar et Minorque étaient cédées aux Anglais, et les possessions espagnoles dans la Péninsule italique et au dehors (royaume de Naples, la Sardaigne, le Milanais, les Pays-Bas), avaient été données à la maison d'Autriche qui gouvernait l'Empire, et qui renonçait ainsi à ses prétentions sur le royaume d'Espagne.

III. *Savoie.* La maison de Savoie, sous Victor-Amédée II, était entrée dans la grande alliance contre Louis XIV, 1690. Le traité d'Utrecht donna la Sicile au duc de Savoie, qui devint roi de Sicile jusqu'en 1720, et ensuite de Sardaigne, commençant ainsi la grandeur de cette maison et préludant à de brillantes destinées.

IV. *Mantoue et Montferrat.* — Le dernier duc de la maison de Gonzague, Charles IV, 1665-1708, fut mis au ban de l'Empire pour avoir servi la France pendant la guerre de succession, et mourut sans héritiers. Son duché fut confisqué par l'empereur Joseph I, en 1715, et devint partie intégrante de l'Empire.

V. *Venise.* — Venise formait toujours une république qui comprenait ses possessions en Italie, la côte de Dalmatie et les îles de la mer Ionienne. Après avoir perdu définitivement l'île de Candie (1669), elle se ligua contre les Turcs avec l'Autriche, la Pologne et la Russie (1684), et conquit la Morée, qui lui fut assurée par le traité de *Carlowitz* (1699); mais les Turcs la lui reprirent en 1715, et Venise l'abandonna décidément au traité de *Passarowitz*.

VI. *Gênes*. — Gênes avait été bombardée en 1684; son doge était venu s'humilier devant Louis XIV, à Versailles. Le territoire de cette république s'étendait sur toute la côte dite de Gênes, depuis Oneglia jusqu'à Massa.

VII. *Duché de Modène*. — Ce duché, qui appartenait toujours aux princes de la maison d'Este, était borné : au nord, par le Mantouan ; à l'est, par les Etats de l'Eglise ; à l'ouest, par le duché de Parme ; et s'étendait au sud, jusqu'au territoire de Lucques ; et au sud-ouest, jusqu'à la mer, par la principauté de Massa et de Carrara, qui en était devenue une annexe. Il comprenait, outre les duchés de *Modène* et de *Reggio*, et les principautés de *Carpi* et de *Correggio*, le duché de la *Mirandole*, que l'Empereur avait vendu au duc de Modène, en 1710.

VIII. *Parme et Plaisance*. — Ce duché appartenait, en 1715, à François Farnèse, l'avant-dernier duc. Le mariage de sa nièce Elisabeth Farnèse avec Philippe V, roi d'Espagne, 1714, prépara l'avènement d'une branche de la maison des Bourbons d'Espagne, qui obtiendra le duché de Parme au traité d'Aix-la-Chapelle (1748).

IX. *Toscane.* — La Toscane était toujours en décadence, sous Cosme III, 1670-1723, dont le fils, Jean Gaston, sera le dernier des Médicis.

X. *États de l'Église.* — Les états de l'Église, qui occupaient tout le centre de l'Italie, se divisaient en douze provinces gouvernées, soit par le pape, soit par des légats ou des vice-légats. Ces provinces étaient : la légation de *Ferrare*, celle de *Bologne*, la *Romagne*, le duché d'*Urbin*, le *Pérousin*, l'*Ombrie*, la *Marche d'Ancône*, la *Sabine*, la *Campagne de Rome*, le *Patrimoine de St-Pierre*, le *duché de Castro*, et l'*Orviétan*. Les papes possédaient toujours *Bénévent* et le *Comtat Venaissin*.

La papauté, représentée par Innocent XI, avait eu de sérieux démêlés avec Louis XIV pour la régale, 1678, et pour le droit de franchise, 1687. En 1715, le trône pontifical était occupé depuis quinze ans par Clément XI, qui venait de fulminer contre les Jansénites la célèbre bulle, dite *Unigenitus* (1713, sept.), espérant par cette condescendance aux désirs de la cour, obtenir la révocation solennelle de la déclaration de 1682.

XI. *Empire Ottoman.* — La Turquie avait soutenu une longue guerre contre l'empereur, les Vénitiens, la Pologne et la Russie; le traité de Carlowitz, qui fut conclu en 1699, sous la médiation de la France et de la

Hollande, la termina, et commença la décadence de l'empire Ottoman. Achmet III, 23ᵉ sultan, profitant cependant des embarras de la Russie, obtint, en 1711, la restitution d'Azof, et enleva la Morée aux Vénitiens, en 1715. C'est lui qui donna un asile au roi de Suède, Charles XII, combattant contre Pierre-le-Grand, empereur de Russie.

CHAPITRE X.

Géographie politique de l'Europe en 1789.

La révolution française est une de ces époques privilégiées, qui comptent dans la vie du monde : elle changea entièrement la face de l'Europe, et commença une ère nouvelle.

Au moment où la crise approchait de son terme, l'Europe était, comme après le traité de Westphalie, partagée en vingt-un états principaux.

Dans le Nord, le Danemark, toujours uni à la Norwège, qui était administrée, depuis 1734, par un sous-gouverneur, avait renoncé à ses longues guerres avec la Suède. La maison de Holstein-Gottorp, moyennant la cession du duché d'Oldembourg, lui avait abandonné ses possessions du Sleswig (1720), et sacrifié celles du Holstein (1773); et ainsi la Péninsule Danoise reconnaissait tout entière l'autorité des rois de Danemark, autorité qui était absolue depuis la révolution de 1660. La noblesse n'exerçait plus aucun pouvoir ; et les paysans, exempts de la plupart des corvées, allaient être entièrement émancipés par suite de la propagation des principes de liberté et d'égalité, proclamés par la France, en 1789.

Le royaume de Suède, où Gustave III venait de relever l'autorité royale, presque anéantie par les diètes depuis la mort de Charles XII, était déchu du rang que lui avaient assuré les victoires de Gustave-Adolphe et l'appui de la France. La guerre insensée qu'il avait déclarée à la Russie, dans l'espérance de recouvrer les anciennes provinces, fut terminée en 1790, et n'apporta aucun changement aux limites de ce royaume.

C'était la Russie qui dominait dans le Nord. Les conquêtes de Pierre-le-Grand et celles de Catherine II avaient créé dans le nord et l'est de l'Europe une puissance colossale, dont l'importance politique était proportionnée à l'immense étendue. Le démembrement récent de la Pologne (1773), et la décadence de l'empire Ottoman avaient contribué à ce résultat.

La Pologne, quoiqu'elle eût perdu les Palatinats de Livonie et de Miscislaw, ainsi qu'une partie de ceux de Minsk, de Witebsk et de Poltsk, se composait encore, en 1789, de trente-un palatinats. Mais livrée à l'anarchie et demeurée sans alliés, elle était hors d'état de se soustraire aux coups qui la menaçaient de tous côtés. L'impunité du premier partage invitait au second, et la Russie s'apprêtait déjà à saisir sa proie.

La Turquie n'était pas moins avancée. Catherine II avait obtenu, par le traité de Kaïnardji (1774), les ports et les territoires d'Azof et de Taganrog, les deux Kabardies, les forts d'Ienikalé et de Kerch en Crimée, le château de Kimburn à l'embouchure du Dnieper, la Steppe entre le Bug et le Dnieper, où fut fondée, en 1778, la ville de Cherson, la protection de la Bessarabie, de la Moldavie et de la Valachie, et la destruction de la république des Cosaques Zaropogues (1775). Le traité de Constantinople (1784), lui assura la souveraineté de la Crimée.

L'Allemagne était morcelée depuis les traités de Westphalie. La maison prépondérante, autant par l'antiquité des souvenirs que par la puissance réelle, était celle d'Autriche. Parmi les autres états, les plus puissants étaient : la Saxe, la principauté d'Anhalt, le Mecklembourg, le Brunswick, l'électorat de Hanovre qui appartenait au roi d'Angleterre, le duché de Holstein au Danemark, les villes Hanséatiques de Lubeck, Brême et Hambourg, la Hesse, les villes libres impériales de Cologne, d'Aix-la-Chapelle et de Dortmund, la maison de Waldeck, celle de Nassau, le duché de Deux-Ponts, le duché de Bavière, les maisons de Wurtemberg et de Bade, les électorats de Mayence, de Trèves et de Cologne, et le Bas-Palatinat. Tels étaient les principaux états de l'Allemagne, en 1789.

Au nord de l'Allemagne, la Prusse, agrandie par le démembrement récent de la Pologne, représentait la cause du protestantisme en Allemagne ; comme telle,

elle était l'ennemie naturelle de l'Autriche, et l'alliée intime de la Russie. Mais ces relations furent entièrement changées par la révolution française.

Au nord-ouest de l'Allemagne se trouvait la république des Provinces-Unies. Le Stathoudérat avait été rétabli en 1747, en faveur de la maison d'Orange. Mais Guillaume V ayant paru trahir les intérêts de la marine hollandaise dans la guerre d'Amérique, un soulèvement le força d'abdiquer, en 1784. Les Prussiens le ramenèrent dans Amsterdam, trois ans après ; et depuis cette époque, son pouvoir fut garanti contre de nouveaux soulèvements par une triple alliance, conclue avec la Prusse et la Grande-Bretagne.

La Suisse était toujours une république fédérative composée de treize cantons. Mais le prestige de sa gloire militaire était passé ; elle se condamnait elle-même à une neutralité qu'elle ne pourra faire respecter dans les grandes guerres de la république et de l'empire.

La Grande-Bretagne avait conservé toutes ses possessions continentales sur le territoire Européen ; mais elle venait de perdre le plus beau fleuron de sa couronne coloniale. L'indépendance des colonies Américaines avait été formellement reconnue par le traité de Paris, 1783 ; et l'Angleterre était au moment de perdre par l'excès de son ambition, le premier rang dans l'ordre de la résistance Européenne, que la révolution française lui rendra.

L'Espagne, sous l'administration des Bourbons, s'était relevée peu-à-peu de son abaissement. Elle possédait toute la Péninsule, moins le Portugal et Minorque ; les trois îles Baléares, Majorque, Iviça et Formentara ; Oran et Ceuta en Afrique ; et de vastes provinces en Amérique, que les révolutions modernes ont pu seules lui enlever.

Le Portugal était toujours l'allié fidèle de l'Angleterre, parce que l'Angleterre était l'ennemie de l'Espagne.

L'Italie était divisée, en 1789, comme au XVe siècle. Dans le nord, l'Etat le plus important était le royaume de Sardaigne, de création récente, qui comprenait l'île de Sardaigne, la Savoie, le Piémont et le Montferrat. A l'est des Etats Sardes se trouvaient le duché de Milan et celui de Mantoue, qui appartenaient à l'Autriche. Au sud du Milanais étaient les Etats de Parme, de Plaisance et de Guastalla, qui avaient été assurés à l'infant don Philippe en 1748. A côté se trouvaient les Etats du duc de Modène. Ajoutons enfin les trois républiques de Gênes, de Lucques et de Venise. Au centre de l'Italie se trouvaient les Etats de l'Église et le Grand-Duché de Toscane, le second des établissements de la maison d'Espagne en Italie. Enfin le royaume des Deux-Siciles occupait tout le sud de la péninsule et la Sicile ; c'était la troisième et la plus importante des souverainetés des Bourbons d'Espagne en Italie.

En 1789, la France, accrue de la Lorraine (1766), et

de la Corse (1768), avait atteint à peu près les mêmes limites que de nos jours. Elle était divisée en quarante gouvernements, dont trente-deux grands et huit petits. Chacun des grands gouvernements renfermait une ou plusieurs provinces; les petits n'étaient, à l'exception d'un seul, que des gouvernements particuliers de villes enclavés dans les grands. Les finances, la justice, le culte avaient leur organisation et leurs divisions à part. Il y avait trente-quatre généralités ou intendances pour la perception de l'impôt ; seize ressorts judiciaires, dont treize parlements et les trois conseils souverains d'Alsace, de Roussillon et d'Artois ; et pour le culte, dix-huit archevêchés, desquels relevaient cent dix-sept évêchés suffragants.

La France, à cette époque, avait terminé son éducation politique. Une et forte, la nation pouvait se passer désormais de la tutelle royale. La révolution allait réaliser ce dernier progrès, et substituer l'unité nationale à l'unité monarchique.

CHAPITRE XI.

Géographie politique de l'Europe en 1810.

Les guerres de la République et de l'Empire avaient bouleversé l'Europe et modifié profondément sa constitution politique. Parmi les vingt-un Etats principaux, qui existaient en 1789, plusieurs avaient disparu ; d'autres étaient descendus du premier rang au second ; et ainsi l'ancien système d'équilibre, créé par les traités de Westphalie, se trouvait bouleversé de fond en comble.

En 1810, l'année qui suivit la paix de Vienne (14 oct. 1809), il n'y avait à proprement parler en Europe que trois grandes puissances : la France, qui était arrivée à son apogée ; l'Angleterre, qui était maîtresse de la mer ; la Russie, qui s'étendait au nord et au sud, et regardait Constantinople.

I. La France n'avait jamais été aussi belle et aussi puissante. Le génie de Napoléon l'avait faite la reine du monde.

L'Assemblée Constituante avait substitué la division

du sol français en départements aux anciennes circonscriptions provinciales, et un mode uniforme d'administration civile et judiciaire aux modes particuliers jusqu'alors en vigueur dans chaque province. Les diverses parties du territoire perdirent ainsi ce qui avait en quelque sorte fait de chacune une nation séparée. Les trente-trois provinces du royaume, y compris la *Corse* et le *comtat Venaissin*, qui fut réuni par l'Assemblée Constituante en 1791, formèrent d'abord quatre-vingt-trois départements ; une nouvelle division territoriale porta ce nombre à quatre-vingt-six. Cette transformation de provinces en départements contribua beaucoup à faire de la France un tout homogène et compacte. Elle mit la France dans les conditions les plus favorables pour repousser les invasions étrangères, et pour porter au loin la terreur de ses armes.

De 1791 à 1814, l'Europe forma contre la France six coalitions, dont deux sous la République et quatre sous l'empire. Mais la France, partout victorieuse, étendit au loin ses anciennes limites.

Dès 1795, la Belgique et tout le territoire conquis sur la gauche du Rhin, constituèrent les départements de la *Dyle*, de l'*Escaut*, des *Forêts*, de *Jemmapes*, de la *Lys*, de la *Meuse-Inférieure*, des *Deux-Néthes*, de l'*Ourthe* et de *Sambre-et-Meuse*, dont les chefs-lieux étaient Bruxelles, Gand, Luxembourg, Mons, Bruges, Maëstricht, Anvers, Liége et Namur.

Les pays situés entre Meuse et Rhin, et Rhin et Moselle, formèrent, au mois de mai 1800, quatre autres départements : 1º celui de la *Roer*, comprenant les provinces Prussiennes de Clèves, de Gueldre et de Meurs, Cologne, Aix-la-Chapelle, etc.; 2º celui de *Rhin-et-Moselle*, partie des électorats de Cologne et de Trèves, du Palatinat, du margraviat de Bade, du comté de Spenheim, Coblentz, Bonn, etc.; 3º du *Mont-Tonnerre*, partie de l'électorat de Mayence et du Palatinat, les évêchés de Worms et de Spire, le duché de Deux-Ponts, etc.; 4º de la *Sarre*, partie des électorats de Trèves, de Cologne, etc.

Au midi, la Savoie se convertit, en 1792, en département du *Mont-Blanc;* le comté de Nice et la principauté de Monaco y ajoutèrent, l'année suivante, celui des *Alpes-Maritimes*. En outre, le roi Charles-Emmanuel ayant cédé à la République française tous ses droits sur le Piémont, ce pays forma, au mois d'avril 1801, la 27ᵉ division militaire avec six départements : la *Doire*, le *Pô*, le *Marengo*, la *Sesia*, la *Stura*, le *Tanaro*.

L'Italie, qui avait donné une légion à notre armée sous le Directoire, se transforma également au profit de la France. La République ligurienne composa, dès le 6 juin 1800, les départements des *Apennins*, de *Gênes* et de *Montenotte;* le grand duché de Toscane, le 24 mai 1808, ceux de l'*Arno*, de l'*Ombrone* et de la *Méditerranée*, dans lequel étaient enclavés l'île d'Elbe, l'île de Capraja, de la Pianosa et Monte-Christo. Les duchés de Parme et de Plaisance devinrent la même année le département du *Taro*, et les États Romains, en 1810, ceux de *Rome* et de *Trasimène*.

Une partie des États Allemands, de ceux du Hanovre et de la Westphalie, Osnabruck. Oldembourg, ainsi que les villes libres de la confédération germanique, Lubeck, Brême et Hambourg, formèrent, le 13 septembre 1810, les départements de l'*Ems-Supérieur*, des *Bouches-du-Wéser* et des *Bouches-de-l'Elbe*. Bientôt s'ajouta à ces départements celui de la *Lippe*, pris sur une portion du cercle de Westphalie.

Enfin, la Hollande ayant été réunie aussi en 1810, à l'Empire français, constitua à son tour neuf nouveaux départements : le *Zuyderzée*, les *Bouches-de-la-Meuse*, les *Bouches-de-l'Escaut*, les *Bouches-du-Rhin*, l'*Yssel-Supérieur*, les *Bouches-de-l'Yssel*, la *Frise*, l'*Ems-Occidental* et l'*Ems-Oriental*.

Tous ces départements, au nombre de quarante-quatre, en y comprenant celui du *Simplon*, portèrent à cent trente le chiffre total de ceux de l'Empire, qui s'étendait, en 1810, de l'Elbe jusqu'à la Bidassoa, du Garigliano jusqu'à la Manche, et dont la population était au moins de quarante millions d'âmes.

Au grand empire se rattachaient une foule d'Etats feudataires ou dépendants. C'étaient : le royaume de Westphalie, donné à Jérôme ; la Confédération du Rhin, placée sous le protectorat de Napoléon ; le royaume d'Italie, dont il portait lui-même la couronne ; la République fédérative de Suisse ; le royaume de Naples, donné à Murat ; enfin le royaume d'Espagne à Joseph ; sans compter les petites principautés que l'Empereur avait accordées à ses sœurs ou à ses parents.

L'Empereur paraissait solidement assis et inébranlable. Mais toute cette grandeur manquait de base, et chacun sentait que la nouvelle France n'avait pas de conditions de durée. L'édifice entier, en effet, ne reposait que sur un homme qui en avait fait son œuvre personnelle.

II. L'Angleterre occupait le Portugal, les îles Anglo-Normandes, Hélgoland, Malte et Gibraltar, et exerçait une influence dominante en Sardaigne et en Sicile. C'était la grande ennemie de la France, contre laquelle, par sa diplomatie et son argent, elle avait déjà suscité cinq coalitions, que les victoires de Napoléon avaient brisées.

III. La Russie voltigeait entre la France et l'Angleterre ; elle pensait que, ces deux nations rivales s'affaiblissant mutuellement par la guerre, elle pourrait asseoir sur leur ruine les bases de sa domination universelle ; et, pendant qu'elle les amusait l'une et l'autre pour les endormir, elle enlevait la Finlande à la Suède, et aux Turcs la Moldavie et la Valachie, arrivant ainsi jusqu'au Danube, et convoitant Constantinople, qui devait être, dans son imagination, le centre de son nouvel empire.

Les autres puissances de l'Europe étaient réduites au second rang. L'Autriche, par les traités de Campo-Formio, de Lunéville et de Presbourg, avait subi d'énormes pertes ; elle s'était vu enlever les Pays-Bas, l'Italie, la Vénitie, le Tyrol, la Souabe et l'Istrie ; la Croatie, la Carniole et presque toute la Gallicie.

La paix de Tilsitt n'avait laissé à la Prusse que le Brandebourg, la vieille Prusse, la Poméranie, et la Silésie. Ces deux États étaient tenus en échec par les royaumes de Westphalie, de Saxe, de Wurtemberg et de Bavière, de création récente.

La Turquie perdait tous les jours quelqu'une de ses provinces et continuait à décliner.

Le Danemark était attaché étroitement à l'alliance française, depuis le bombardement de Copenhague ; et la Suède avait élu pour héritier du trône un maréchal de l'Empire, Bernadotte, qui avait trahi son Dieu, et qui devait bientôt trahir sa patrie et son bienfaiteur.

CHAPITRE XII.

Traités de 1815. — Géographie politique de l'Europe en 1815.

L'empire de Napoléon, si grand, si prospère, a moins duré encore que celui de Charlemagne. Le grand homme, même dès son vivant, en a vu partager les lambeaux ; et peu s'en fallut que la France ne pérît avec lui.

Après le désastre de Waterloo (18 juin 1815), les alliés, conduisant à leur suite Louis XVIII, entrèrent dans Paris, que ni la chambre, ni le gouvernement ne surent défendre, et le tinrent dans l'humiliation et la terreur. La France fut alors inondée d'un million cent quarante mille étrangers qui vinrent prendre leur part du butin, dévastèrent les campagnes, imposèrent les villes, démolirent les places fortes. Pour mettre un terme aux pillages, il fallut que le roi donnât aux alliés une première indemnité de guerre de cent millions ; et, comme préliminaire de toute négociation, il fallut qu'il licenciât l'armée de la Loire. Enfin, un nouveau traité de Paris fut signé (30 nov.), monument de haine et de vengeance, qui enleva à la France cinq cent mille habitants, ouvrit de trois brèches la monarchie de Louis XIV, lui imposa une indemnité de guerre de sept cents millions, mit dans ses places, pendant trois ans, cent cinquante mille étrangers entretenus à ses frais, et exigea d'elle qu'elle satisfît à toutes les réclamations des particuliers pour les pertes que nos conquêtes leur avaient fait éprouver. Enfin, le traité de Vienne avait déjà fixé les limites respectives des divers états de l'Europe dont la constitution politique fut à peu près ce qu'elle est de nos jours, sauf les deux royaumes de Grèce et de Belgique qui ont surgi depuis, sauf surtout l'Empire Français que le peuple libre a rétabli, en acclamant l'héritier du représentant perpétuel de la révolution française.

Par ce traité, la France, après vingt-cinq ans de victoires, se trouva moins étendue sur certains points, qu'elle ne l'était à la fin du règne de Louis XIV. Elle perdit d'abord tout le fruit des conquêtes de la République et de l'Empire, puis Philippeville, le duché de Bouillon, Sarre-Louis, Landau, plusieurs communes du pays de Gex, et la Savoie, que le traité de 1814 lui avait laissée ; et de plus, le rang et l'influence qu'elle avait eus dans le concert Européen, depuis la paix de Westphalie, et qu'elle vient de reconquérir sous l'égide de Napoléon III.

La France ne fut pas seulement ainsi affaiblie de ce qu'elle perdait, mais encore de tout ce que ses rivaux avaient gagné. — A la tête des puissances qui se partagèrent ses lambeaux et ceux de l'Europe entière, étaient la Russie qui saisit le sceptre du Continent, et l'Angleterre qui saisit l'empire de l'Océan.

L'empereur Alexandre non-seulement trouva bon de garder la Finlande, mais encore il se fit adjuger le duché de Varsovie : ce qui lui permit de rétablir en grande partie le royaume des Jagellons, et d'ajouter au titre d'empereur de toutes les Russie, celui de roi de Pologne.

L'Angleterre, enrichie de nombreuses colonies qu'elle avait enlevées à des neutres ou à des alliés, obtint encore Malte et Corfou, et le rétablissement du royaume de Hanovre, pour avoir un pied sur le continent.

La Prusse, réduite par Napoléon à cinq ou six millions *de têtes*, déclara qu'il lui en fallait onze millions, avec une domination plus compacte. On lui donna la Poméranie suédoise, la Franconie, une partie des dépouilles du royaume de Westphalie, et enfin une grande partie du pays enlevé à la France entre le Rhin et la Meuse. Ainsi la Prusse, comme un serpent, s'étendait de la France à la Russie, avec toutefois une solution de continuité, que l'Autriche s'était fait, dit-on, un malin plaisir de lui assigner, pour qu'elle n'eût nulle part une force centrale.

L'empereur d'Autriche n'osa point réclamer le titre d'empereur d'Allemagne ; mais il obtint du congrès des cessions de territoire immenses. On lui donna la Valteline, le Tyrol Bavarois, tous les Etats Vénitiens des deux rives de l'Adriatique et sur la terre-ferme ; et il recouvra sa domination sur la Lombardie, augmentée par les Etats du Pape situés sur la rive gauche du Pô.

Le reste de l'Italie fut en grande partie partagé entre divers princes de la maison d'Autriche. La Toscane fut donnée à l'archiduc Ferdinand ; le duché de Modène à une autre branche de la maison d'Autriche ; les duchés de Parme, Plaisance et Guastalla formèrent l'apanage de l'archiduchesse Marie-Louise, ex-impératrice des Français ; Ferdinand IV fut rétabli sur le trône de Naples, à la place de Murat, que le congrès n'avait pas voulu reconnaître. Enfin les Etats de Gênes furent annexés au Piémont, malgré la fureur des Génois, indignés de se trouver sujets du roi de Sardaigne.

La Belgique, réunie à la Hollande sous la domination de la maison d'Orange, aida à former le nouveau royaume des Pays-Bas.

Le Danemark se vit enlever la Norwège qu'on adjugea au roi de Suède, Bernadotte, pour prix des services rendus à la coalition contre la France. Les Bourbons d'Espagne remontèrent sur leur trône, dans la personne de Ferdinand VII.

Telles furent les principales stipulations diplomatiques du fameux congrès de Vienne, arrêtées et signées pendant les Cent-Jours (25 mars). Les peuples, que la politique de ce congrès venait de mécontenter et d'irriter, faisaient des vœux pour la France, et espéraient qu'elle sortirait victorieuse de la lutte où elle se trouvait engagée; ils dûrent se soumettre à la volonté des puissances alliées, non sans maudire le désastre des champs de Waterloo.

L'Europe sembla alors rétrograder. Mais les idées françaises que nos armées avaient semées dans tous les pays, ne tardèrent pas à porter leur fruit; et ce ne fut pas en vain que les rois s'étaient faits démagogues pour renverser Napoléon, et avaient ensuite manqué de foi aux peuples.

FIN DE LA GÉOGRAPHIE HISTORIQUE ET POLITIQUE.

Supplément au Résumé d'Histoire. *

I.

Division générale de l'histoire universelle. — Tableau sommaire des principaux faits de l'histoire d'Orient (révision du cours de sixième).

L'histoire est le récit des choses mémorables et des actions héroïques ou nationales qui, de tout temps, ont dû fixer l'attention générale et subir la contradiction continuelle de l'examen public.

L'histoire universelle embrasse tous les temps qui se sont écoulés depuis la création du monde jusqu'à nos jours. On la divise généralement en trois grandes parties : l'histoire ancienne, 4138 avant J.-C. - 476 après ; l'histoire du moyen-âge, 476-1453 ; l'histoire moderne, 1453-1815. A partir de 1815, tous les événements qui s'accomplissent, appartiennent à l'histoire contemporaine.

---

* *Note.* — Le nouveau programme d'histoire ayant ajouté les trois questions suivantes au programme de la classe de troisième, nous avons cru devoir les traiter ici, à titre de supplément à notre *Résumé*.

L'histoire ancienne se subdivise en trois grandes périodes : la période orientale, la période grecque, et la période romaine.

I. **Période orientale.**

L'Orient a été le berceau du monde, et le premier-né de la civilisation; les rochers de la Grèce n'avaient point encore reçu d'habitants, et déjà, il avait vécu de longs siècles, endormi sous la théocratie. Cette vie large et mystérieuse doit arrêter d'abord nos regards. C'est l'époque orientale pure, en attendant la Grèce et la lutte des deux civilisations.

Quoique l'homme ait été créé en Asie (4138), on peut dire que cette région n'a été colonisée qu'après le déluge, à la dispersion des peuples (2381). C'est alors que prirent naissance les principales nations orientales qui, après une existence plus ou moins longue, devaient se fondre dans celle des Perses, pour être soumises plus tard par la Grèce et par Rome. Ces nations sont celles des Juifs, des Egyptiens, des Assyriens et Babyloniens, des Phéniciens, des Mèdes et des Perses. *

Juifs. — Leur histoire peut se diviser en trois époques principales : 1° histoire des Juifs comme peuple nomade, depuis Abraham (1926), jusqu'à leur établissement en Palestine (1503); 2° histoire de la Judée comme république fédérative, sous les grands prêtres et les juges (1503-1096); 3° histoire de la Judée comme monarchie, formant d'abord un seul royaume sous Saül, David et Salomon (1096-976), ensuite les royaumes séparés d'Israël

---

* *Note.* — Il aurait été peut-être juste de placer dans cette période exclusivement orientale, les Indiens et les Chinois. Mais la disette des matériaux, et surtout la vie solitaire de ces deux empires, qui n'est presque jamais mêlée au mouvement général de l'Asie, les ont fait jusqu'ici rejeter des programmes classiques.

(976-721), et de Juda 976-606), jusqu'à la chute de ce dernier, qui tomba sous les coups des Babyloniens.

Egyptiens. — L'histoire des Egyptiens jusqu'à la conquête des Perses, se divise également en trois époques : la première s'étend de Ménès, le premier roi, jusqu'à Sésostris (2000 ? - 1643) ; il en reste peu de souvenirs ; c'est l'époque des grands travaux qui rendirent l'Egypte habitable, de la fondation des principales villes, et de l'invasion des Hycsos. La deuxième va de Sésostris à Psammiticus (1643-656) ; c'est le temps où la civilisation égyptienne atteint son apogée, et dont le règne de Sésostris est la plus haute expression. La troisième, de Psammiticus à Psamménit (656-525) ; c'est la période d'altération, durant laquelle l'Egypte s'abandonne à toutes les influences du dehors, jusqu'à ce qu'elle tombe au pouvoir des Perses.

Assyriens et Babyloniens. — L'histoire des empires Assyriens se partage en deux périodes distinctes. La première s'étend depuis les commencements de l'origine même de Babylone et de Ninive, jusqu'à la chute de Sardanapale (2000 ? - 759). Dans la seconde, il faut ranger les faits postérieurs jusqu'à l'invasion des Perses (759-538). — On place dans la première période une invasion d'Hycsos, la réunion de Babylone et de Ninive par Bélus, et les rois Ninus, Sémiramis, Ninyas et Sardanapale ; c'est le temps de la domination des Assyriens sur l'Asie Orientale. Pendant la seconde, les Assyriens se tournent vers la Judée, et leur histoire, confondue avec celle d'un peuple dont les traditions se sont conservées sans lacune, prend plus de consistance et de certitude ; c'est le temps de la domination des Assyriens sur l'Asie Occidentale.

Phéniciens. — Ce peuple, qui habitait une contrée stérile et resserrée sur les bords orientaux de la Méditerranée, n'a pas, à proprement parler, d'histoire politique ; Il n'a été remarquable dans l'antiquité que par ses colonies et par son commerce mari-

6.

time et continental. Il fut conquis en 592, par le babylonien Nabuchodonosor II, et fit sa soumission à Cyrus, cinquante ans après.

Mèdes. — Assujétis depuis longtemps aux Assyriens, les Mèdes n'ont commencé à former une nation particulière, qu'à partir de la révolution qui eut lieu sous Sardanapale, 759. Leurs principaux rois furent Arbacès, Dejocès, Phraorte, Cyaxare et Astyage, le grand-père de Cyrus.

Perses. — L'histoire des Perses ne commence qu'avec Cyrus; et elle devient celle de l'Asie entière, dès la fin de son règne, 530. Cyrus soumit toute l'Asie jusqu'à l'Indus, et lui imposa le nom d'*empire des Perses*. Cambyse, son fils, joignit l'Egypte à cet empire. Les Mèdes jaloux tentèrent une réaction qui n'eut pas de suite; et l'empire passa mieux affermi entre les mains de Darius, fils d'Hystaspe, qui l'organisa à l'intérieur, et l'étendit encore au-dehors. C'est sous lui que commence la lutte de l'Asie contre la Grèce, et que finit la période orientale.

Ainsi, au commencement de cette lutte mémorable qui dévoila à l'Europe la faiblesse du vieux monde asiatique, l'Orient était presque tout entier sous la domination des Perses, qui en avaient absorbé successivement les principaux états.

II.

Tableau sommaire des principaux faits de l'histoire Grecque.
(Révision du cours de Cinquième).

L'Orient avait depuis longtemps des cités florissantes et de grands empires, quand la Grèce était encore habitée par des tribus grossières. Ses premiers habitants furent d'abord les Pélages, et puis les Hellènes qui formèrent quatre branches, les Eoliens, les Achéens, les Ioniens et les Doriens, toujours distinctes par leur langage, leurs mœurs et leurs institutions politiques.

Après la dispersion des Pélages et l'établissement des tribus Helléniques, une ère nouvelle commence pour la Grèce, livrée désormais à des peuplades belliqueuses. Ce sont les temps héroïques, dont l'événement le plus grand est sans contredit la guerre de Troie (1193-1184), qui montre les Grecs déjà unis par la religion, par la langue, parvenus même à une certaine communauté de vues et d'intérêts.

Mais l'unité que la guerre de Troie avait donnée aux tribus Helléniques, se brise après cette guerre. Les divers états s'isolent comme par le passé, et des révolutions intérieures occupent toute la période qui suit immédiatement le retour des confédérés. Les Doriens, restés sauvages dans les montagnes de l'OEta et du Pinde, envahissent le Péloponèse (1104), en chassent les autres tribus helléniques et surtout les Ioniens, et fondent dans la Laconie un établissement complet et durable. Mais les Ioniens se retirent dans Athènes, emportant contre leurs vainqueurs une haine vivace, qui se personnifia bientôt dans les deux cités de Sparte et d'Athènes.

Ce ne fut pas toutefois sans de longs efforts et de nombreux combats, que les Doriens de Sparte triomphèrent de l'opiniâtre résistance des indigènes. La lutte dura plus d'un siècle ; mais pour rendre la conquête durable, il fallait aux Doriens une forte organisation. Lygurgue fut leur législateur (884). Lycurgue soumit la morale à la politique, et n'eut d'autre vue que la grandeur de Sparte. Les Spartiates devinrent aussi bientôt les meilleurs soldats du monde, et acquirent en peu de temps la prééminence dans le Péloponèse et l'hégémonie de la Grèce.

Les Ioniens, chassés du Péloponèse, s'étaient réfugiés à Athènes, la ville de Minerve, fondée par Thésée, et se mêlèrent aux Athéniens. Ceux-ci ont d'abord leur époque de royauté. Plus tard, les grands profitent de la mort de Codrus (1070), pour substituer à l'autorité royale une magistrature héréditaire, mais responsable. A vie dans l'origine, l'archontat devient décennal (754), électif (724), annuel enfin et divisé entre neuf magistrats (684).

Mais les Eupatrides, menacés d'une révolution, se résignent à une réforme et demandent des lois à Solon, qui est élu archonte (594).

Moins simple et surtout moins impérative que celle de Lycurgue, la législation de Solon est plus conforme à la nature. Lycurgue ne fit que des soldats, Solon a fait des hommes. Lycurgue a fondé la grandeur de Sparte, Solon la civilisation du monde.

La législation de Solon était trop équitable pour satisfaire également les opprimés et les oppresseurs. La guerre recommence entre les partis ; et le chef des montagnards, Pisistrate, s'empare du pouvoir, et légitime son usurpation par une administration libérale (541-27). Ses deux fils, Hipparque et Hippias, protègent comme lui les lettres et les arts ; mais l'assassinat d'Hipparque (514), rend la tyrannie cruelle, et les violences d'Hippias amènent sa déchéance; il est chassé par les Alcméonides (510), dont le chef, Clisthènes, assure le triomphe de la démocratie.

C'est en ce moment que la nation des Perses, poussée en avant par ce mouvement de conquête qui avait commencé avec Cyrus, prend prétexte de la révolte des Ioniens et de l'incendie de Sardes (504), pour entreprendre cette lutte mémorable, connue sous le nom de guerre Médique (504-449) La Grèce est victorieuse à Marathon (490), à Salamine (480), à Platée et à Mycale (479), et impose au grand roi un traité humiliant (449).

Mais alors elle ne sait plus où diriger son activité puissante; elle se déchire elle-même. Des distinctions de race ont suscité la guerre du Péloponèse (431-404), des malheurs inouis la signalent et un affaiblissement général lui succède.

Les Perses avaient assuré par leurs subsides le triomphe des Spartiates. Ceux-ci, reconnaissants de l'appui que le jeune Cyrus leur avait prêté à Œgos-Potamos, lui permettent de recruter des soldats dans la Grèce, pour l'aider à détrôner son frère, Artaxercès II Mnémon. Il mène treize mille Grecs jusqu'à Cunaxa (401); il périt au sein de la victoire, et la retraite des Dix-Mille étonne le monde, en lui révélant que les Perses ont encore plus de faiblesse chez eux qu'ils n'en ont montré au-dehors. Mais Sparte opprimait odieusement la Grèce depuis l'abaissement des Athéniens. Une ligue se forme contre elle. Il faut rappeler Agésilas; et l'or du grand roi non-seulement sauve la Perse, mais dicte encore aux Grecs le fameux traité d'Antalcidas (387). Thèbes ne voulut pas se soumettre à cet odieux traité; elle lutte victorieusement contre Sparte, à Leuctres (371) et à Mantinée (363). Mais sa splendeur tenait à deux hommes, Épaminondas et Pélopidas; elle tomba avec eux, et Thèbes rentra dans le repos.

Ce sceptre de la Grèce, que ni Sparte, ni Athènes, ni Thèbes n'avaient pu retenir, fut ramassé par un Macédonien, un barbare. Philippe soumit la Grèce et lui donna l'unité (359-336); Alexandre la vengea des insultes de l'Orient (336-323).

L'empire d'Alexandre était immense ; il se brisa à sa mort, et de ses débris se formèrent quatre royaumes principaux, qui furent tour-à-tour soumis par les Romains, la Macédoine en 148, la Grèce en 146, la Syrie en 64, et l'Egypte en 30 avant J.-C.

III.

Tableau sommaire des principaux faits de l'histoire Romaine, et particulièrement de l'histoire de la Gaule (révision du cours de quatrième).

Le premier empire d'Assyrie venait de s'écrouler sur la tête de Sardanapale (759), et le royaume d'Israel allait disparaître (721); Sparte allait commencer les guerres de Messénie, et Athènes vivait sous ses Archontes, quand Romulus fonda sur les bords du Tibre la ville de Rome, qui devait être la ville éternelle, 754.

Rome fut d'abord gouvernée par sept rois (754-510); Romulus, Numa, Tullus Hostilius, Ancus Martius, Tarquin l'Ancien, Servius Tullius, Tarquin-le-Superbe. Ce dernier, ayant tyrannisé ses sujets, fut chassé; et, à la place du pouvoir royal, on établit une république gouvernée par deux consuls annuels.

Les Romains, dès l'origine, étaient divisés en deux peuples différents, les Patriciens et les Plébéiens. La révolution de 510 ne s'était faite qu'au profit des Patriciens; mais les Plébéiens, chaque jour de plus en plus opprimés, commencèrent une longue lutte qui fut marquée par la création de la dictature (501), du tribunat (493), des lois décemvirales (449), du consulat militaire (444), et enfin par le partage du consulat (367) et la libre admission des plébéiens à toutes les charges de la république.

Rome, après avoir chassé les Tarquins, eut des guerres à soutenir contre leurs adhérents, les Tarquiniens, les Clusiens, les

Sabins, les Arunces, la ligue latine, les Volsques, les Veiens et les Falisques qui furent successivement vaincus. Elle eut ensuite à repousser quatre invasions de Gaulois; c'est à partir de ce moment (380), que son histoire cesse d'être mythique.

Les Gaulois repoussés, la république définitivement constituée, Rome devient conquérante; elle soumet successivement la Campanie, l'Etrurie, le Samnium, l'Apulie, la Lucanie, le Brutium, l'Ombrie et la Gaule Cisalpine.

Maîtresse de l'Italie, Rome se trouve en contact avec Carthage par la Sicile; et c'est alors que commencent les guerres Puniques, qui doivent lui donner la prépondérance sur mer.

Dans la première guerre punique (265-241), Rome fait la conquête de la Sicile, de la Corse et de la Sardaigne. Dans la deuxième (218-201), Carthage par Annibal, essaie de réagir sur Rome qui, à son tour par Scipion, réagit sur Carthage. Enfin, dans la troisième (146), la victoire définitive reste à Rome, et Carthage est détruite.

Maîtresse de l'Afrique Carthaginoise, Rome tend à le devenir de l'Afrique Numide, désormais inutile à l'accomplissement de ses desseins. Jugurtha succombe (106), et l'Afrique est réduite en province romaine.

Rome, qui prétend à la domination universelle, entreprend alors de soumettre les peuples qui, autrefois alliés de sa rivale, peuvent encore contrarier ses projets. Elle les attaque à l'Orient et à l'Occident : 1° guerre de Philippe et de Persée; réduction de la Macédoine (148) et de la Grèce (146), en provinces romaines; 2° guerre contre les Gaulois et les Espagnols; destruction de Numance (133), et soumission apparente de l'Espagne.

Rome victorieuse éprouve les dangers de la conquête, et voit la guerre civile éclater dans son sein. Les Cimbres et les Teutons se chargent d'arrêter l'anarchie; mais Rome est sauvée par Marius (101).

Les troubles civils recommencent bientôt et durent jusqu'à la fin de la république (rivalité de Marius et Sylla; guerre sociale; dictature de Sylla; Sertorius et Perpenna; Metellus et Pompée; Cicéron et Catilina; premier Triumvirat; dictature de César; second Triumvirat). — Il faut que le parti vainqueur fonde le *Principat* sur les débris des partis vaincus. Mais au milieu des troubles civils, Rome continue la conquête du monde : en Orient, elle soumet Mithridate (64) et les Parthes (34); et en Occident, la Gaule (50).

Après la bataille d'Actium (31), une révolution s'accomplit dans la constitution romaine. L'Empire succède à la République; et le premier empereur, Auguste, tout en prenant pour base le pouvoir tribunitien et en paraissant continuer la république, fonda le despotisme.

A cette époque, l'état moral de la société était déplorable. Le polythéisme était en décadence, et la Philosophie impuissante pour sauver l'humanité; le Stoïcisme et l'Epicuréisme ne réussissaient qu'à fonder l'égoïsme. Le Christ fut envoyé de Dieu pour régénérer le monde et lui apporter la bonne nouvelle, l'Evangile.

On a divisé les empereurs en plusieurs familles :

1º *Famille d'Auguste* (30 avant J.-C.—69) : Auguste, Tibère, Caligula, Claude, Néron, Galba, Othon, Vitellius.—Affaiblissement de l'aristocratie, décadence.

2º *Première Famille Flavienne* (69-96) : Flavius Vespasien, Titus, Domitien. — Tentative de restauration, guerre des Juifs, ruine de Jérusalem.

3º *Famille des Antonins* (96-191) : Nerva, Trajan, Adrien, Antonin, Marc-Aurèle, Commode.—Siècle de bonheur et de gloire, fin du principat. L'Empire passe aux étrangers.

4º *Famille des Syriens* (191-235) : Pertinax, Didius Julianus,

Septime Sévère, Caracalla, Géta, Macrin, Héliogabale, Alexandre Sévère.—Lutte des soldats et des légistes ; les soldats l'emportent.

5° *Usurpateurs militaires* (235-268) : Maximin, les deux Gordiens, Maxime et Balbin, Gordien III, Philippe, Dèce, Gallus, Emilien, Valérien, Gallien. — Démembrements ; 30 tyrans ; apparition des premières invasions.

6° *Aristocratie militaire* (268-285) : Claude II, Aurélien, Tacite, Probus, Carus, Numérien et Carin. — De l'excès du mal est sorti le remede.

7° *Empire monarchique* sous Dioclétien (285-303) et sous Constantin (306-337).— Création du pouvoir administratif.

La victoire du christianisme, sous Constantin, atteste une lutte qui fut sanglante sous dix empereurs ; mais l'édit de Milan (313), en rendant la paix à l'Église, en fit la religion romaine. Le christianisme eut cependant encore à lutter contre des ennemis nés dans son propre sein, les hérésies, qui furent foudroyées par les conciles.

8° *Famille de Constantin* (337-361) : Constantin II, Constant et Constance. — Réaction contre le christianisme sous Julien (361-363); toutefois la société ne paraît pas rétrograder ; l'hellénisme de Julien ne fit que ralentir un moment l'impulsion déjà donnée. Le christianisme triompha de nouveau sous Jovien (363).

9° *Famille Valentinienne* (363-378) : Valentinien I, Valens, Gratien et Valentinien II. — Premier partage de l'empire.

10° *Seconde Famille Flavienne* : Flavius Théodose (378-395). — Unité politique et religieuse de l'empire ; décadence de l'hellénisme et de l'arianisme ; victoire du catholicisme.

La victoire du catholicisme a frappé à mort l'empire. Rome se transforme dès ce moment ; et les Barbares de la Germanie vont commencer leur travail de destruction qui durera près de six siècles. La société romaine n'existera plus qu'en débris ; et c'est avec ces débris et les éléments chrétien et germanique que se formera une nouvelle société, un monde nouveau, les temps modernes.

Les événements politiques qui marquèrent la condition de la Gaule sous l'empire, sont :

1º La persécution contre les Druides, qui se réfugièrent dans les landes sauvages de l'Armorique et dans l'ouest de l'Ile-Sacrée;

2º La révolte de Julius-Florus et de Sacrovir, sous les règnes de Tibère et de Claude ;

3º La révolte de Civilis et de Sabinus, sous Vespasien ;

4º La révolte des Bagaudes ou Paysans, excitée par l'extrême misère, et qui fut réprimée par Maximien (286).

5º Les ravages des Barbares, sous Gallien, et leur défaite par Aurélien ;

6º Le règne de Julien en Gaule ;

7º L'annexion de la Gaule au lot d'Honorius.

FIN DU SUPPLÉMENT.

TABLE DES MATIÈRES.

Avertissement	1
Chapitre I. — Géographie politique de l'Europe, à la fin du IVᵉ siècle de notre ère.	9
Chapitre II. — Principaux Etats fondés par les Barbares dans l'empire Romain.	14
Chapitre III. — Etendue et divisions de l'empire de Charlemagne. — Démembrements successifs. . .	19
Chapitre IV. — Description historique de la France féodale.	24
Chapitre V. — Géographie politique de l'Europe féodale. .	29
Chapitre VI. — Géographie politique de l'Europe en 1328. .	38
Chapitre VII. — Géographie politique de l'Europe en 1453.	45
Chapitre VIII. — Géographie politique de l'Europe en 1648.	53
Chapitre IX. — Géographie politique de l'Europe en 1715. .	67
Chapitre X. — Géographie politique de l'Europe en 1789. .	78
Chapitre XI. — Géographie politique de l'Europe en 1810. .	84
Chapitre XII. — Traités de 1815 — Géographie politique de l'Europe en 1815	90
Supplément. I. — Division générale de l'histoire universelle. Tableau sommaire des principaux faits de l'histoire d'Orient. (Révision du cours de sixième). . . , ...	95
II. — Tableau sommaire des principaux faits de l'histoire Grecque. (Révision du cours de cinquième).	99
III. — Tableau sommaire des principaux faits de de l'histoire Romaine. (Révision du cours de quatrième).	103

SECONDE TABLE

INDIQUANT

La correspondance des chapitres du Résumé avec les questions du nouveau Programme. *

Nouveau programme de l'enseignement historique.

CLASSE DE SIXIÈME.

HISTOIRE ANCIENNE.

1. Division générale de l'histoire ancienne (histoire de l'Orient, de la Grèce et de Rome).   95*
2. Genèse : histoire primitive du monde jusqu'à la dispersion des peuples après le déluge. — Fondation des premiers empires dans les vallées du Nil, du Tigre et de l'Euphrate.   3
3. *Le peuple de Dieu.* — Vocation d'Abraham. — Les Israélites en Égypte. — Moïse.   5
4. Établissement des Israélites dans la Terre Promise. — Les Juges. — Les rois : Saül, David, Salomon. — Schisme des dix tribus.   6
5. *Égypte.* — Le Nil et ses inondations. — Principaux rois.   9
6. Monuments et civilisation de l'Égypte.   10

(*) Quand la page ne porte aucun signe particulier, c'est dans le *Résumé d'Hist. univ.* qu'il faut la chercher. Avec le signe *, c'est dans la *Géographie historique et politique*.

7. *Assyriens* — Ninive et Babylone. — Premier empire d'Assyrie. — Ninus. — Sémiramis. — Sardanapale. — Démembrement de cet empire. 11
8. Deuxième empire d'Assyrie — Ses rapports avec les peuples voisins. — Fin du royaume d'Israel. 12
9. Empire babylonien. — Nabuchodonosor. — Fin du royaume de Juda. — Captivité de Babylone 12
10. *Mèdes et Perses.* — Rois de Médie. — Enfance et avénement de Cyrus. 14
11. Tableau sommaire des principaux Etats de l'Asie occidentale à l'avénement de Cyrus. — Conquêtes de Cyrus 15
12. Cambyse. — Conquête de l'Egypte. — Avénement de Darius, fils d'Hystaspe. 15
13. Conquêtes de Darius. — Etendue et divisions de l'empire des Perses sous Darius. — Origine des guerres médiques. 15
14. *Phéniciens.* — Tyr et Sidon. — Colonies phéniciennes. — Carthage. 13

CLASSE DE CINQUIÈME.

HISTOIRE GRECQUE.

1. Géographie physique de la Grèce. — Montagnes et presqu'îles ; cours d'eau ; mers ; golfes ; îles. 16
2. Temps primitifs de la Grèce — Guerre de Troie. — Invasion des Doriens dans le Péloponèse. 16
3. Sparte. — Lycurgue ; ses lois. — Guerres de Messénie. 20
4. Athènes. — L'archontat. — Solon ; ses lois. — Pisistrate et ses fils. — Clisthène. 22
5. Géographie politique de la Grèce à l'époque des guerres médiques. — Colonies grecques. — Institutions communes aux peuples de la Grèce. 17
6. *Guerres médiques.* — Révolte de l'Ionie. — Première guerre. — Bataille de Marathon. — Miltiade. 23
7. Seconde guerre. — Aristide et Thémistocle. — Léonidas aux Thermopyles. — Batailles de Salamine, de Platée et de Mycale. — Cimon. — Fin des guerres médiques. 24
8. Puissance d'Athènes après les guerre médiques. — Périclès. — Etat des lettres et des arts. 25
9. *Guerre du Péloponèse.* — Première période de la guerre. — Paix de Nicias. 26

10. Alcibiade. — Expédition de Sicile. — Lysandre. — Prise d'Athènes. — Les trente tyrans. — Mort de Socrate. 27
11. Puissance de Sparte après la guerre du Péloponèse. — Expédition du jeune Cyrus et retraite des dix mille. — Agésilas. — Traité d'Antalcidas. 28
12. Puissance de Thèbes. — Pélopidas et Epaminondas. — Batailles de Leuctres et de Mantinée. 29
13. Puissance de la Macédoine. — Philippe. — Son intervention dans les affaires de la Grèce. — Démosthènes. — Bataille de Chéronée. 30
14. Alexandre le Grand. — Guerre en Grèce. — Guerre contre les Perses. — Batailles du Granique et d'Issus. — Fondation d'Alexandrie 30
15. Bataille d'Arbelles. — Fin de l'empire des Perses. — Expédition d'Alexandre dans la Bactriane et dans l'Inde. — Etendue et divisions de l'empire macédonien à la mort d'Alexandre 31
16 *Principaux royaumes formés du démembrement de l'empire d'Alexandre.* — L'Égypte sous les Lagides : Ptolémée Soter ; Ptolémée Philadelphe ; Ptolémée Evergete 34
17. La Syrie sous les Séleucides : Séleucus Nicator ; Antiochus-le-Grand ; Antiochus Epiphane ; les Machabées. — Enumération des principaux Etats détachés de l'empire des Séleucides. 33
18. La Macédoine et la Grèce après Alexandre. — Ligue achéenne. — Aratus. — Philopœmen. — Réduction de la Macédoine et de la Grèce en provinces romaines. 35

CLASSE DE QUATRIEME.

HISTOIRE ROMAINE.

1. Géographie physique de l'Italie. — Montagnes ; fleuves ; mers ; golfes ; îles 37
2. Fondation de Rome. — Les rois. 38
3. Établissement de la république. — Le sénat. — Les patriciens et les plébéiens. — Consuls — Dictateurs. — Tribuns. 40
4. Les décemvirs. — La censure. — Union des deux ordres par l'admission des plébéiens à toutes les magistratures. 41

5. Guerres de Rome contre les peuples voisins. — Invasion des Gaulois. — Guerres contre les Samnites et contre Pyrrhus. — Rapports de Rome avec les peuples vaincus, colonies   42
6. Carthage — Première guerre punique. Guerre des mercenaires. — Les Carthaginois en Espagne. — Les Romains dans la Gaule Cisalpine et en Illyrie.   45
7. Seconde guerre punique. — Annibal. Passage des Alpes. — Batailles du Tessin, de la Trébie, de Trasimène et de Cannes.   47
8. Continuation de la guerre en Italie, en Sicile, en Espagne, en Afrique. — Scipion. — Bataille de Zama.   48
9. Guerre contre la Macédoine : bataille de Cynoscéphales. — Guerre contre Antiochus : bataille des Thermopyles et de Magnésie. — Guerre contre les Galates.   49
10. Guerre contre Persée : bataille de Pydna. — Réduction de la Macédoine et de la Grèce en provinces romaines.   49
11. Troisième guerre punique. — Destruction de Carthage. — Réduction du royaume de Pergame en province romaine.   49
12. Guerres et conquêtes des Romains dans la Cisalpine et dans l'Espagne. — Viriathe. — Guerre de Numance — Formation d'une province romaine dans la Gaule transalpine.   50
13. État de la république romaine après ces conquêtes. — Les Gracques.   51
14. Jugurtha. — Guerre des Cimbres — Marius. — Guerre sociale. — Guerre civile ; dictature de Sylla.   53
15. Sertorius. — Spartacus. Les pirates. — Mithridate. — Pompée. — Cicéron et Catilina.   55
16. Premier triumvirat : Pompée, César et Crassus — Consulat de César. — Conquête de la Gaule. — Guerre contre les Parthes.   57
17. Troubles à Rome. — Guerre civile : Pharsale, Thapsus, Munda. — Dictature de César.   59
18. Deuxième triumvirat : Octave, Antoine et Lépide. — Guerre civile ; batailles de Philippes et d'Actium. Fin de la république.   61
19. Organisation du gouvernement impérial. — Bornes et divisions de l'empire. — Siècle d'Auguste. — Naissance et progrès du christianisme.   63
20. Les empereurs de la famille d'Auguste. — Les Flaviens. — Ruine de Jérusalem. — Conquête de la Grande-Bretagne.   65
21. Les Antonins. — Conquêtes de Trajan.   71

22. Les empereurs syriens — L'anarchie militaire. — Auréhen. — Probus. 72
23. Dioclétien.— Constantin : triomphe du christianisme ; fondation de Constantinople ; réorganisation de l'empire. 74
24. Constance. — Julien. — Valentinien et Valens : commencement de la grande invasion. — Théodose. — Partage définitif de l'empire. 77 et 9*

CLASSE DE TROISIEME.

HISTOIRE DE FRANCE ET HISTOIRE DU MOYEN-AGE DU Ve AU XIVe SIÈCLE.

1. Division générale de l'histoire universelle. — Tableau sommaire des principaux faits de l'histoire de l'Orient (révision du cours de sixième). 95*
2. Tableau sommaire des principaux faits de l'histoire grecque (révision du cours de cinquième). 99*
3. Tableau sommaire des principaux faits de l'histoire romaine, et particulièrement de l'histoire de la Gaule (révision du cours de quatrième). 103*
4. Invasions des barbares, et principaux Etats fondés par eux dans l'empire romain au ve siècle. 89 et 14*
5. Clovis. — Fondation de l'empire des Francs. 92
6. Théodoric et les Ostrogoths en Italie. — Justinien : tentative de restauration de l'empire romain — les Lombards. 92
7. Les fils de Clovis. — Partages et guerres civiles. — Dagobert. 96
8. Les rois fainéants : les maires du palais.— Opposition de la Neustrie et de l'Ostrasie. — Bataille de Testry. — Pépin d'Héristal ; Charles Martel ; Pépin le Bref. 98
9 Charlemagne. — Ses guerres. — Son gouvernement. — Relations avec l'Orient. — Etat des lettres sous ce règne — Etendue et divisions de l'empire de Charlemagne. 102 et 19*
10. Mahomet. — Conquêtes des Arabes —Partage du khalifat.- Etat de la civilisation arabe au IXe siècle 107
11. Louis le Débonnaire — Guerres civiles. — Bataille de Fontanet. — Traité de Verdun. 111

12. Charles le Chauve. — Nouvelles invasions barbares : les Normands. — Démembrement de la France en grands fiefs. Louis le Bègue et ses fils. — Charles le Gros. 113
13. Les derniers rois carlovingiens et les ducs de France. — Fondation du duché de Normandie. — Avénement des Capétiens. — Tableau sommaire du systéme féodal. 116 et 24*
14. Othon le Grand et l'empire germanique. — Grégoire VII et la querelle des investitures. 123
15. Les quatre premiers Capétiens. — Fondation du royaume des Deux-Siciles et du royaume de Portugal. — Conquête de l'Angleterre par les Normands. 117
16. La première croisade. — Fondation du royaume de Jérusalem. — Les premiers ordres militaires. 128
17. Louis le Gros. — Etablissement des communes. — Lutte contre l'Angleterre. — Louis VII. — La seconde croisade. 136
18. Divorce d'Eléonore. — Les Plantagenêts. — Henri II et Thomas Becket. — Commencements de Philippe-Auguste et de Richard Cœur-de-Lion ; la troisième croisade. 136
19. Guerres de Philippe-Auguste contre Richard et Jean sans Terre. — Bataille de Bouvines. 137
20. Les Guelfes et les Gibelins. — Frédéric Barberousse et Alexandre III. — Innocent III et la quatrième croisade ; Venise. — Frédéric II et Innocent IV. 126
21. Guerre des Albigeois. — Louis VIII. — Régence de Blanche de Castille. 137
22. Saint Louis. — Ses guerres contre les barons et les Anglais. — Sa première croisade. 138
23. Gouvernement de saint Louis ; progrès du pouvoir royal. — La maison d'Anjou à Naples. — Dernière croisade de saint Louis. — Progrès des lettres et des arts sous son règne. 139
24. Philippe le Hardi et Philippe le Bel. — Guerre avec l'Aragon, la Flandre et l'Angleterre. 141
25. Différend de Philippe le Bel et de Boniface VIII. — Etats généraux. — Clément V ; résidence des papes à Avignon. — Condamnation des Templiers. 141
26. Gouvernement de Philippe le Bel. — Les trois fils de Philippe le Bel. — La loi salique ; avénement des Valois. 142
27. Tableau sommaire de la constitution anglaise au commencement du XIVe siècle. — La grande charte et le parlement. 143

28. Allemagne : avénement de la maison de Habsbourg. Affranchissement de la Suisse. 163 et 165
29. Géographie politique de l'Europe en 1328. 38*

CLASSE DE SECONDE.

HISTOIRE DE FRANCE, HISTOIRE DU MOYEN-AGE ET DES TEMPS MODERNES, DU XIVe SIÈCLE AU MILIEU DU XVIIe SIÈCLE.

1. Les Valois — Commencement de la guerre de Cent-ans — Philippe de Valois et Édouard III — Affaires de Flandre et de Bretagne. — Bataille de Crécy. — Siége de Calais. 147
2. Jean et le prince Noir. — Bataille de Poitiers. — Etats généraux. — La Jacquerie. — Paix de Bretigny. 149
3. Charles V et Duguesclin. — Les grandes compagnies en France et en Espagne. — Reprise des hostilités avec les Anglais. — Ordonnances de Charles V — Grand schisme d'Occident. 150
4. Charles VI et Richard II. — Troubles en France et en Angleterre. — Avénement des Lancastre. — Assassinat du duc d'Orléans. 151
5. Les Armagnacs et les Bourguignons — Henri V. — Bataille d'Azincourt. — Traité de Troyes. 153
6. Henri VI et Charles VII. — Jeanne d'Arc. — Traité d'Arras. — La Praguerie. 154
7. Fin de la guerre de Cent-Ans. — Institutions de Charles VII. 155
8. Allemagne : maison de Luxembourg. — La bulle d'or. Guerre des Hussites. — Fin du grand schisme d'Occident. — Maison d'Autriche : Maximilien. 163, 170 et 190
9. Les Turcs en Europe. — Bajazet Ier et Tamerlan. — Mahomet II. — Prise de Constantinople. 169
10. Géographie politique de l'Europe en 1453. 179 et 45*
11. Louis XI et Charles le Téméraire. — Agrandissement du domaine royal. — Gouvernement de Louis XI. 182
12. Guerre des deux Roses en Angleterre. — Avénement des Tudors. 184

13. Formation du royaume d'Espagne. — Ferdinand et Isabelle. — Prise de Grenade. 187
14. Découvertes maritimes des Portugais et des Espagnols. — Christophe Colomb. — Empire portugais aux Indes. — Empire espagnol au Nouveau Monde. 197
15. Charles VIII et Anne de Beaujeu. — Etat de l'Italie vers la fin du xv° siècle — Expédition d'Italie. — Bataille de Fornoue. 194
16. Louis XII — Conquête du Milanais. Expédition de Naples. — Jules II — La ligue de Cambrai. — La sainte ligue. — Bataille de Ravenne. 194
17. François Ier. — Bataille de Marignan. — Charles-Quint. — Rivalité de la France et de la maison d'Autriche — Bataille de Pavie. — Traités de Madrid et de Cambrai. 203
18. Suite de la rivalité des maisons de France et d'Autriche. — Soliman le Grand. — Henri VIII. — Traité de Crépy et d'Ardres. 205
19. Henri II. — Conquête des Trois-Evêchés. — Abdication de Charles-Quint — Philippe II. — Bataille de Saint-Quentin. — Prise de Calais — Paix de Câteau-Cambrésis. 207
20. Découverte et influence de l'Imprimerie. — La renaissance en Italie et en France. 197 et 208
21. La réforme en Suisse et en Allemagne. — Zwingle et Luther. — Les protestants. — Bataille de Muhlberg. — Paix d'Augsbourg. 201
22. La réforme en Angleterre. - Henri VIII ; Edouard VI ; Marie Tudor ; Elisabeth et Marie Stuart. 202 et 215
23. La Réforme dans les Pays-Bas. — Affranchissement des Provinces-Unies. — Philippe II et l'Espagne. Conquête du Portugal. 217
24. La réforme en France. — Calvin. — Guerres de religion. — François II et Charles IX. 212
25. Henri III et la Ligue. 214
26. Henri IV. — Fin des guerres de religion. — Sully. Administration de Henri IV. — ses projets. 219
27. Louis XIII, le maréchal d'Ancre et le duc de Luynes. — Richelieu. — Abaissement des protestants et de la noblesse. 223
28. L'Allemagne et les pays du Nord à l'époque de la guerre de Trente-Ans. — Guerre de Trente-Ans. — Paix de Westphalie. 228
29. Les Stuarts en Angleterre. - Jacques Ier et Charles Ier. — Révolution de 1648. — Olivier Cromwell. 222
30. Géographie politique de l'Europe en 1648. 53*

CLASSE DE RHÉTORIQUE.

HISTOIRE DE FRANCE ET HISTOIRE MODERNE DEPUIS L'AVÉNEMENT DE LOUIS XIV JUSQU'A 1815.

1. Minorité de Louis XIV.- Anne d'Autriche et Mazarin.— La Fronde — Guerre contre l'Espagne. — Traité des Pyrénées. 230
2. Gouvernement personnel de Louis XIV. — Colbert et Louvois. — Conquête de Flandre. Traité d'Aix-la-Chapelle. 234
3. Guerre de Hollande. — Conquête de la Franche-Comté. — Paix de Nimègue. — Chambre de réunion. — Révocation de l'édit de Nantes. 237
4. Révolution de 1688 en Angleterre. — Guillaume III, Coalition contre Louis XIV. — Paix de Ryswick. 239
5. Guerre de la succession d'espagne.- Traités d'Utrecht et de Rastadt. 242
6. Caractère général du gouvernement et de l'administration de Louis XIV. — Institutions et fondations de ce règne. 235
7. Tableau des lettres, des sciences et des arts en France pendant le règne de Louis XIV. 243
8. Géographie politique de l'Europe en 1715. 67*
9. Louis XV. — Régence du duc d'Orléans. — Ministere du cardinal de Fleury. — Guerre de la succession de Pologne. — Traités de Vienne. 245
10. Guerre de la succession d'Autriche — Progrès du royaume de Prusse. — Frédéric II — Bataille de Fontenoy. 246
11. Guerre de Sept-Ans.— Traité de Paris. — Perte des colonies Françaises. 247
12. Fin du règne de Louis XV. — Acquisition de la Lorraine et de la Corse. — Destruction des parlements. — Etat des esprits à cette époque. — Progrès des sciences. 248 254 et 257
13. Lutte de la Suède et de la Russie — Charles XII et Pierre le Grand. 250
14. Catherine II. — Partages de la Pologne. — Guerres de la Russie contre la Suède et la Turquie. 252
15. Puissance maritime et coloniale de l'Angleterre. — Conquêtes des Anglais aux Indes Orientales 252

16. Progrès et soulèvement des colonies d'Amérique. — Guerre de l'indépendance des Etats-Unis — Traité de Versailles. 253
17. Louis XVI, Turgot et Malesherbes. — Necker. — Assemblée des notables. — Convocation des états généraux. 256
18. Géographie et situation politique de l'Europe en 1789. 78*
19. Assemblée constituante et assemblée législative. — Réunion des trois ordres. — Prise de la Bastille. — Journées des 5 et 6 octobre. — Constitution de 1791. — Déclaration de guerre à l'Autriche. — Journée du 10 août. — Massacres de septembre. 258
20. Convention nationale. - Procès et mort de Louis XVI. — La Terreur. — Journée du 9 thermidor. — Campagnes de 1793 et 1794 — Le 13 vendémiaire. 260
21. Directoire. — Campagne de Bonaparte en Italie. — Traité de Campo-Formio. 262
22. Expédition d'Egypte. — Retour de Bonaparte. — Le 18 brumaire. — Constitution de l'an VIII. 263
23. Consulat. - Marengo - Paix de Lunéville et d'Amiens. — Concordat. — Code civil — Consulat à vie. 264
24. Empire. — Campagne d'Austerlitz. — Trafalgar. — Paix de Presbourg. — Campagne de Prusse : Iéna, Friedland. — Paix de Tilsitt. — Blocus continental Commencement de la guerre d Espagne. — Wagram 265
25. Géographie politique de l'Europe en 1810. 84*
26 Campagne de Russie — Campagne d'Allemagne. — Campagne de France. — Abdication de l'Empereur. — Retour de l'Ile d'Elbe. — Les Cent jours. — Waterloo — Sainte-Hélène 266
27. Traités de 1815. — Géographie politique de l'Europe à cette époque.

FIN DE LA SECONDE TABLE.

www.ingramcontent.com/pod-product-compliance
Lightning Source LLC
Chambersburg PA
CBHW070522100426
42743CB00010B/1917